AF338118

TRAITÉ COMPLET

ET PRATIQUE

DE

PHOTOGRAPHIE

PAR

LE COMTE DE LA SOR ET TEXIER.

PARIS

A. TEXIER,	COMTE DE LA SOR,
Rue de Rivoli, 114;	Rue de Trévise, 15;
A. GAUDIN,	WITTMAN ET POULENC,
Rue de la Perle, 7;	Rue Neuve-Saint-Merry, 17;
AU DÉPOT DE GUTTA-PERCHA,	DUBOSCQ-SOLEIL,
Boulevard des Italiens, 12;	Rue de l'Odéon, 24;

ET CHEZ TOUS LES LIBRAIRES.

—

1854

TRAITÉ COMPLET

DE

PHOTOGRAPHIE

PARIS. — IMPRIMERIE D'ADRIEN DELCAMBRE ET COMP., 15, RUE BREDA.

TRAITÉ-COMPLET

ET PRATIQUE

DE

PHOTOGRAPHIE

PAR

LE COMTE DE LA SOR ET TEXIER.

PARIS

A. TEXIER,	COMTE DE LA SOR,
Rue de Rivoli, 114;	Rue de Trévise, 15;
A. GAUDIN,	WITTMAN ET POULENC;
Rue de la Perle, 7;	Rue Neuve-Saint-Merry, 17;
AU DÉPOT DE GUTTA-PERCHA,	DUBOSCQ-SOLEIL,
Boulevard des Italiens, 12;	Rue de l'Odéon, 21;

ET CHEZ TOUS LES LIBRAIRES.

1854

PROLÉGOMÈNES.

Malgré un grand nombre de brochures publiées depuis quelques années par des amateurs distingués, ou par des photographes de profession, aucune ne forme un traité complet de photographie, où les procédés soient en rapport avec la science actuelle. Et cela s'explique parfaitement.

Les amateurs n'ont traité que la partie qu'ils ont étudiée avec ardeur, et l'intelligence qu'on apporte toujours à une science attrayante, nous pouvons le dire; les photographes, c'est-à-dire ceux qui font des portraits pour le public, n'ont livré à la publicité que leurs procédés anciens, ou même quelquefois des procédés incomplets avec lesquels il est impossible d'obtenir des résultats satisfaisants.

C'est en voyant, d'un côté, des traités partiels bons et véridiques; et d'un autre, des traités dont les procédés dénaturés ne peuvent que dégoûter l'amateur qui veut apprendre cet art où chaque jour se produisent des phénomènes nouveaux pour qui sait observer avec fruit, c'est, dis-je, pour éviter au commençant ces nombreux déboires, que nous avons entrepris ce petit traité que nous voulons rendre aussi général et aussi indispensable au commençant qu'à l'amateur se livrant avec zèle, avec dévouement au progrès de la photographie.

Nous livrons avec confiance cet ouvrage au public, sûrs d'avance, qu'avec sa sagacité habituelle, il saura en apprécier la véracité. Forts de plusieurs années d'études sérieuses, d'observations et d'essais consçiencieux, nous voulons qu'il devienne le guide pratique de chaque photographe de profession par la simplicité des procédés et surtout par la vérité *vraie*, entière, absolue de ses formules.

Certains photographes se prétendant inventeurs de procédés accélérateurs inconnus de leurs confrères, nous donnerons ces formules qui ne leur appartiennent pas plus qu'à nous. Le public et surtout le commençant qui veut, en apprenant la photographie, en tirer un parti commercial nous saura gré de lui avoir divulgué dans ce petit ouvrage ce qu'il aurait été plusieurs années à apprendre, peut-être même ne l'eût-il jamais su, si, s'éloignant de Paris, il fût allé habiter la province ou l'étranger.

Ce traité, nous le faisons complet, quoique sous un très-petit volume. Les formules que nous donnons sont celles qui, jusqu'à ce jour nous ont paru réunir à un plus haut degré les qualités désirables. Nous pouvons garantir, qu'en les suivant exactement, les résultats seront satisfaisants. Nous n'avons certes pas la présomption de les prétendre les seules bonnes. Nous croyons même qu'avec des différences plus ou moins légères on peut obtenir de bons résultats. Mais toujours, cependant, quand on voudra avoir la certitude de réussir, il faudra s'en tenir aux procédés que nous allons décrire. Ces formules, du reste, sont, et seront toujours le point d'où l'on pourra s'écarter, mais qui nécessairement sera la base de toutes les opérations photographiques. Nous ne donnerons que les divers procédés dont aujourd'hui le mérite est bien constaté par les travaux des amateurs les plus distingués dont on peut apprécier les magnifiques produits livrés chaque jour à la vue du public.

Nous nous proposons de traiter des diverses branches de la photographie, même sur plaques métalliques ; nous demanderons seulement à n'en dire qu'un mot pour donner une méthode qui n'est pas encore assez répandue parmi les daguerréotypeurs ; malgré les produits incontestablement supérieurs, que l'on obtient dans quelques ateliers où chaque jour on fait un grand nombre de portraits sur plaques métalliques pour le public.

Nous pouvons promettre à l'amateur qui voudra suivre exactement nos conseils qu'avec un peu d'habitude, qu'il pourra facilement acquérir par la pratique, il réussira à faire soit un beau portrait, soit une belle vue, surtout s'il a le sentiment du beau, qui est le vrai dans l'art.

Ce n'est qu'à la sollicitation de nombreux amis qui nous ont fait entrevoir une question de progrès pour la photographie que nous nous sommes décidés à publier ce traité complet. En livrant à la publicité des formules avec lesquelles de prétendus professeurs prélèvent sur chacun de leurs élèves une somme plus ou moins ronde pour leur dévoiler le secret avec lequel ils doivent réussir, nous croyons avoir rendu un véritable service à l'art en démasquant les manœuvres de ces charlatans, dont la plupart ne savent pas eux-mêmes les premiers principes de l'art qu'ils veulent enseigner, car souvent c'est avec l'argent que payent les élèves pour apprendre, et avec leurs produits chimiques que ces prétendus professeurs acquièrent quelque pratique : ou, abusant de la crédulité de l'amateur ils lui font payer jusqu'à 150 et 200 francs pour lui apprendre, disent-ils, à faire des fonds unis ou gradués : à ceux qui savent qu'ils ne s'obtiennent qu'à l'aide de découpures, ils offrent de donner le moyen de les faire sans cela, moyennant le prix déjà demandé, et alors ils montrent un portrait dont le fond n'a pas été garanti pendant le tirage du personnage, mais sur lequel ils ont appliqué une silhouette qui leur a permis d'unir le fond et même de le graduer ; surtout si derrière le modèle ils avaient une toile d'un ton bien blanc. C'est révolté du trafic de ces charlatans, de l'exploitation de la bonne foi de l'amateur par ces misérables jongleries que l'on ne saurait assez dénoncer, — et cela ne doit pas trop surprendre quand on songe quels sont les gens qui exploitent le daguerréotype et font des portraits pour le public, — à bien peu d'exceptions près, ils ne connaissent pas un mot de chimie, et ne savent tenir ni un crayon ni un pinceau, — nous devrions peut-être même ajouter, — *une plume* — Révolté, disons-nous, des dangers de toutes sortes auxquels sont exposés les commençants, nous avons entrepris la publication de ce traité qui, livrant en entier et sans restriction les procédés les plus pratiques à suivre pour obtenir de bons résultats, deviendra, nous en avons la certitude, le vade-mecum de chaque personne s'occupant de photographie.

Voulant que notre ouvrage soit aussi complet que possible, nous donnons également le moyen de faire ses produits chimiques soi-même et à peu de frais. Dans bien des circonstances, c'est non-seulement agréable, mais même indispensable.

Nous indiquons aussi le moyen de reconnaître la pureté des

produits chimiques, chose si essentielle et dont on s'occupe trop peu. De leur pureté dépend presque toujours la réussite des épreuves ; aussi ne saurions-nous trop recommander aux amateurs de s'en assurer eux-mêmes. Nos formules sont données supposant toujours les agents photogéniques purs. Nous nous sommes attachés à donner les moyens de reconnaître facilement le mélange de substances étrangères à ces corps. Nous parlerons donc avec quelque étendue des principaux réactifs. Les méthodes que nous livrons au public pour obtenir purs les produits chimiques sont les plus pratiques, les plus simples, les plus *exactes*, et partant, nous le croyons, les meilleures connues [1].

[1] Nous croyons être utiles aux amateurs en leur indiquant les maisons qui, depuis longues années, nous fournissent les produits dont nous nous servons ordinairement. Nous pensons cette remarque nécessaire et nous pouvons garantir qu'en s'adressant aux mêmes fabricants et en suivant exactement nos conseils, on obtiendra toujours des résultats satisfaisants, après quelques tâtonnements inséparables de tout commencement.

Nous ne pouvons trop recommander de s'assurer de la pureté des produits chimiques dont on se sert, ou de les prendre dans la maison Witman et Poulenc jeune, rue Neuve-Saint-Merri, 9. Nous avons été à même de constater souvent la bonne qualité et la pureté de ce qui nous a été fourni par cette maison, connue depuis bien des années par le soin qu'elle apporte à la fabrication des produits chimiques employés en photographie.

Notre travail sera divisé ainsi qu'il suit :

CHAPITRE PREMIER.

De la plaque et de sa préparation. Modification de l'emploi des substances accélératrices. Manière et formule pour détacher les épreuves après le fixage au chlorure d'or.

CHAP. II.

Du papier.

Du papier par voie humide. — 1re préparation. — Du bain sensibilisateur. Du développement de l'image. — Du fixage du cliché négatif.

Du papier par voie sèche. — Cirage du papier, un nouveau procédé pour remplacer le cirage du papier. — Du bain sensibilisateur. — Développement de l'image. — Fixage de l'épreuve.

CHAP. III.

De l'albumine.

Préparation de l'albumine. — De l'albuminage des glaces. — Sensibilisation. — Développement et fixage de l'image.

CHAP. IV.

Du collodion.

Du collodion photographique, — manière de le préparer. — Un collodion très-rapide et donnant avec certitude de bons résultats. — Du bain sensibilisateur. Développement de l'image. — Une nouvelle méthode préférable. Fixage de l'épreuve. — Un nouveau fixateur. — Composition d'un bain sensibilisateur, permettant de faire paraître l'image à l'acide gallique.

CHAP. V.

Épreuves directes sur collodion. — Épreuves instantanées.

CHAP. VI.

Épreuves directes sur toile. — Procédé facile et simple.

CHAP. VII.

Épreuves positives.

Préparation des bains, — avec l'albumine. — Tirage de l'épreuve, moyens pour obtenir un fixage avec lequel le temps n'altère pas les épreuves.

CHAP. VIII.

Épreuves de grandeur naturelle. — Moyen facile de les obtenir.

CHAP. IX.

De l'organisation d'un laboratoire de photographie.

CHAP. X.

Préparation des produits chimiques employés en photographie.

CHAPITRE PREMIER.

Nous croyons inutile de parler ici de l'objectif et des qualités qu'il doit réunir, toutefois nous recommanderons, sous peine de mauvaise réussite, de se servir toujours d'un objectif dont la grandeur nominale soit supérieure à celle de la plaque que l'on se propose de faire. Ainsi, il nous est bien démontré que pour faire une demi-plaque, il faut un objectif de plaque normale ayant 36 lignes de diamètre et pour la plaque normale on doit se servir d'un objectif dont les verres aient 48 lignes de diamètre; sans cela pas de bons portraits, le premier plan du modèle sera flou, le dernier également, la figure seule sera nette; l'opérateur attachant toujours bien plus d'importance à avoir les traits du visage exactement au point. La main placée sur le premier plan sera grossie énormément, et dans le bras le plus éloigné de l'objectif la ligne ne sera pas vive, il sera plus petit qu'il ne devrait être.

Ces observations s'adressent principalement aux personnes qui étudient la photographie ; nous ne saurions trop les engager à se bien pénétrer de la nécessité de leur stricte observation afin d'éviter ces défauts qui rendent si souvent les épreuves photographiques désagréables et défectueuses pour l'œil de l'observateur attentif.

Nous pensons cependant devoir donner ici quelques observations propres à guider dans son choix l'amateur ou l'élève qui veut acquérir un objectif.

Et, avant tout, nous recommandons de ne s'adresser qu'à un opticien dont la capacité et l'honorabilité soient acquises par des travaux scientifiques ne pouvant être mis en doute. En s'adressant directement à une maison ayant fait ses preuves, on peut être certain d'avoir un objectif réunissant les qualités voulues. Nous citerons entre autres, M. Duboscq-Soleil, bien connu des savants pour de nombreux appareils de précision créés par lui, et notamment pour son appareil à lumière électrique, dont la constante régularité est bien justement appréciée.

Les objectifs faits par M. Duboscq, nous ont toujours paru réunir au plus haut degré les qualités que l'on doit rechercher. En effet, ils ont les qualités des objectifs allemands de Voitglander, de Vienne, c'est-à-dire finesse, limpidité, lumière et rapidité données par un foyer aussi court, sans avoir les défauts que l'on reproche avec juste raison à ces derniers, c'est-à-dire aberration très-prononcée. — Peu de champ, c'est-à-dire qu'ils ne couvrent qu'une petite surface, le milieu de l'image étant fortement éclairé, les bords ne le sont pas, par suite de la courbure des verres. — Pas de profondeur dans l'image, le plan mis au point est seul net, — les autres parties sont tout à fait déformées, la ligne n'est pas vivement tranchée, les seconds plans sont *flous*.

Non-seulement les objectifs sortant de la maison Duboscq, 18, rue de l'Odéon, n'ont pas ces inconvénients, mais ils réunissent les qualités de ces défauts, et coûtent infiniment moins cher que les objectifs de Voitglander, avantage qui sera également apprécié.

Une heureuse innovation vient d'être introduite dans l'objectif par cet habile constructeur, elle permet de séparer en quelque sorte un objectif à verres combinés pour portraits, plaque normale et d'avoir par ce dédoublement un objectif à vue de 48 lignes de diamètre dont on peut raccourcir le foyer à volonté. De la sorte, dans un seul objectif à portraits ayant 18 cent. de foyer, on a un second objectif à vue de 48 lignes de diamètre ayant 45 centimètres de foyer, permettant de couvrir 30 centimètres sur 40 c., et ce même objectif dont le foyer sera réduit si on le désire à 35 centimètres, et que l'on peut même amener à 28 centimètres de foyer sans lui faire perdre de ses qualités, C'est donc par le fait quatre objectifs dans un seul. Cet instrument qui est presque une invention, sera bientôt entre les mains de tous les amateurs de photographie.

DE LA PLAQUE.

Nous ne saurions trop appeler l'attention des opérateurs sur la qualité des plaques dont ils se servent. Le commerce en abaissant le prix des plaques en a diminué d'autant, au moins, la valeur. Et cela est tellement vrai, qu'aujourd'hui il est difficile de se procurer des plaques réunissant les qualités requises.

Nous allons essayer, autant que cela paraîtra utile à notre sujet, de déterminer les principales causes qui nuisent à la qualité de la plaque d'argent dans le daguerréotype.

Lorsque la couche d'argent n'a pas une certaine épaisseur, épaisseur qu'on ne peut déterminer exactement, on n'obtient pas, on ne peut obtenir une épreuve parfaite. En effet, sur une plaque d'argent pur, c'est-à-dire sur un morceau d'argent pur, les épreuves ne valent rien, sont grises, tout en ayant moins de finesse dans le modelé. Sur une plaque, au contraire, où la couche d'argent est trop légère, l'épreuve a des tons heurtés et le dessin manque dans quelques-unes de ces parties.

Lorsque l'épaisseur de la couche d'argent n'est pas mathématiquement la même dans toute l'étendue de la plaque, l'épreuve est elle-même inégale dans sa réussite.

M. le baron Gros était sans doute pénétré de cette vérité, alors que dans une brochure qu'il publia, il y a environ quatre ans, il conseillait de galvaniser soi-même ses plaques après chaque épreuve , ainsi qu'il faisait lui-même ; joignant de la sorte à son conseil un exemple appuyé de l'autorité de ses remarquables travaux. C'était sans doute pour parer à l'inconvénient de la différence d'épaisseur de la couche d'argent, qu'on a toujours dans la plaque galvanisée à la partie qui se trouve la plus rapprochée de l'anode soluble, ce rapprochement allant toujours augmentant dans une proportion mathématique qui n'a pas encore été, je crois, déterminée par les savants. Nous devons faire observer qu'il existe toujours, forcément, une partie plus rapprochée de l'anode, quelque soin qu'on ait pris à cet égard ; le transport moléculaire ayant lieu de deux manières différentes. C'était pour obtenir une couche toujours égale que M. le baron Gros, voulait que chaque fois on soumît de nouveau la plaque à l'action de la pile galvanique.

Mais ici, pour presque tous les opérateurs, qu'ils soient amateurs ou qu'ils en fassent industrie, il est presque impossible de se livrer à la galvanisation de *ses* plaques. Je dis de *ses* plaques, puisqu'il y a un brevet, et, que le céssionnaire poursuit rigoureusement tous les délinquants qu'il peut saisir sur le fait.

Mais si M. Gros ne galvanisait chaque fois ses plaques que pour obtenir une épaisseur égale dans la couche d'argent, la position nouvelle de la plaque vis-à-vis de l'anode et le point où avait lieu la fermeture du circuit changeant forcément et volontairement, une égalité presque mathématique s'établissait dans la couche d'argent.

On peut obtenir ces mêmes résultats avec certitude en s'adressant à une maison qu'une longue expérience, et l'intelligence théorique et pratique des procédés ont rendue maîtresse d'une bonne fabrication de doublé.

Sous ce rapport, et ainsi que le constatait justement M. le docteur Aubrée dans un de ses derniers mémoires présenté à l'académie des sciences, les épreuves obtenues sur les plaques poinçonnées à l'étoile sortant des ateliers de M. Gaudin rue de la Perle, ne laissent rien à désirer pour les qualités. Nous-mêmes, car nous ne parlons jamais ici qu'ayant expérimenté par nos mains et vu de nos propres yeux, nous-mêmes, nous nous servons depuis plusieurs années des plaques fournies par cette maison, dont le développement constant, toujours croissant, est la meilleure garantie que l'on puisse donner.

Une bonne fabrication est ici un résultat dû à une longue

expérience et à la puissance des machines à vapeur habilement dirigées par un homme compétent.

Nous ne pouvons passer sous silence une invention ou, pour parler plus exactement, un heureux perfectionnement apporté à la plaque par M. Gaudin.

Il a été donné à quelques amateurs et opérateurs anglais de voir et de se servir d'une nouvelle plaque qui sera livrée toute biseautée et polie par M. Gaudin, breveté pour cet objet. Cette plaque n'a plus qu'à subir l'action du polissoir destiné à la brunir avant de la mettre sur les substances.

M. Gaudin, propriétaire et directeur du journal *la Lumière*, ayant établi une succursale de sa maison à Londres y reçoit chaque jour de nouvelles demandes de ces plaques, dont les opérateurs anglais apprécient tous les avantages. Nous sommes certains que cette amélioration ne sera pas moins goûtée ici qu'outre Manche.

DU POLISSAGE.

Le polissage de la plaque est une des opérations les plus ennuyeuses et celle qui demande le plus de soins pour obtenir de bonnes épreuves Il ne peut entrer dans notre pensée de la décrire; nous dirons donc, que la plaque étant polie et passée longuement au polissoir, on doit la porter sur la boite à brômer dont voici la composition des cuvettes.

Première cuvette — (nous parlons pour cuvette normale,
Iode broyé 140 à 150 grammes.

Peroxyde de manganèse, — fleur de soufre — ou magnésie même quantité, mêlez les deux substances.

Deuxième cuvette.

Chaux hydratée.......................... 250 grammes.

Brôme, quantité suffisante...............

Chlorure de brôme, idem ....

On prend un flacon dans lequel on introduit la chaux délitée, puis on verse du brôme jusqu'à ce qu'elle soit devenue couleur brique, on y ajoute alors du chlorure de brôme jusqu'à ce que la chaux ait pris une belle couleur rouge cire à cacheter, on agite pour bien mêler le tout, puis on laisse de 30 à 40 heures afin que le mélange soit parfait. On met environ deux cents grammes de ce chloro-bromure de chaux dans la seconde cuvette.

Troisième cuvette.

Iode broyé .... 150 grammes.

Peroxyde de manganèse, ou magnésie L. 100   —

Mélange décrit ci-dessus................ 75   —

Chlorure d'iode........................ 10   —

Mêlez bien le tout ensemble et lorsque la combinaison est parfaite, mettez le tout dans la cuvette n° 3.

Avec cette manière d'opérer on obtient de la sensibilité, des nuances agréables et vigoureuses.

Les noirs sont d'un beau ton et les blancs sont parfaitement blancs ; sans pour cela avoir cette dureté que quelques opérateurs obtiennent et qui ne permet pas d'avoir des demi-teintes intermédiaires.

Il faut laisser la plaque sur la cuvettte n° 1 jusqu'à ce qu'elle ait pris une belle couleur jaune clair, — sur la cuvette n° 2, la moitié du temps laissé sur la première, (la plaque doit avoir alors pris une teinte jaune orangé commençant à passer au rose,) on la met ensuite sur la cuvette n° 3 la moitié du temps passé sur la seconde cuvette et alors la plaque doit avoir une teinte bien égale rose lilas clair.

S'il arrivait que, laissant la plaque je suppose, une mi-

nute sur la cuvette n° 1 pour obtenir la teinte jaune clair,
— et sur la cuvette n° 2, 30 secondes ; si, dis-je, elle n'avait
pas atteint la nuance jaune foncé commençant à devenir rose
il faudrait ajouter quelques grammes de la chaux préparée
comme il est dit ; si c'était le contraire, et c'est ce qui arrivera
dans le plus grand nombre de cas, il faudra retirer de la cuvette
une certaine quantité du mélange de chaux brômée jusqu'à
ce qu'on se trouve dans les proportions de temps que nous
venons de donner, et de même pour la troisième cuvette.

Nous devons faire observer, et ceci est de la plus haute importance, que la pièce où sont les cuvettes doit être main-
tenue à une température égale de 22 degrés centigrades, que
les cuvettes ne doivent jamais être posées sur du marbre, ni
recevoir le vent que produirait de temps à autre une porte
qu'on ouvrirait, ce qui pourrait faire varier la température
qu'il est essentiel de toujours maintenir au même degré. Éviter avec encore plus de soin l'humidité : si la plaque venant
de subir l'action du polissoir traverse un milieu tenant un liquide quelconque en suspension, elle se voilera de suite d'une
manière peu ou pas appréciable à l'œil, mais cependant réelle, et alors l'action de l'iode ne se produirait pas également, les vapeurs d'iode et de brôme trouvant une vapeur
condensée sur la plaque, l'iodure ne se formerait pas bien,
a sensibilité serait beaucoup diminuée et inégale. Ces points

sont excessivement importants pour obtenir avec certitude une épreuve.

La plaque étant ainsi bromée, on l'enferme dans le châssis de la chambre noire. On doit, pour ce faire, avoir évité qu'aucun rayon lumineux n'ait frappé la plaque, même légèrement. On doit donc avoir tiré un rideau noir devant la croisée, enfin avoir obstrué la lumière d'une façon quelconque.

Pour que la plaque acquière plus de sensibilité, on devra la laisser toujours de dix minutes à un quart d'heure dans le châssis avant de s'en servir.

On pourra pendant ce temps, soit disposer son modèle, sa pose, ou polir et préparer une seconde plaque.

Il faut s'assurer scrupuleusement si on a bien mis au point son modèle. C'est la chose indispensable, la clef de voûte de l'édifice.

La chambre noire dont on se sert n'est point chose indifférente. Avant d'acheter, de recevoir une chambre noire, on doit avoir vérifié avec le plus grand soin, si tous les châssis sont en rapport exact, mathématique, avec la glace dépolie. La plus légère différence, fût-elle d'un millimètre, doit faire rejeter impitoyablement tout appareil dont les châssis ne coïncident pas exactement.

Diverses améliorations ont été apportées dans la fabrication des chambres noires. Le point important est ici la perfection du travail ; là, surtout sont les véritables améliorations. M. Schiertz, ébéniste, 27, rue de la Huchette, fabrique avec beaucoup de soin les différents appareils en bois que réclame la photographie.

Nous nous servons depuis quelque temps de chambres noires sortant de ses ateliers, dans lesquelles il a introduit une heureuse modification. La glace dépolie, au lieu de s'enlever en coulant dans une rainure comme les châssis, se rabaisse sur la queue de la chambre noire, au moyen de charnières ; ce qui est préférable, on évite de la sorte de casser souvent sa glace dépolie ; ce qui a lieu fréquemment avec les chambres noires ordinaires. Et cela s'explique : en ôtant la glace dépolie pour y substituer le châssis portant la plaque, on ne peut se déranger, alors on appuie presque toujours la glace dépolie sur un des pieds du support de l'appareil et très-souvent en retirant le châssis après avoir fait poser on frappe, on renverse avec le pied la glace dépolie qui se casse.

La chambre noire où la glace dépolie s'abaisse est aussi plus commode pour mettre le châssis portant la plaque que vous n'avez qu'à présenter devant, sans être obligé de chercher les rainures pour y introduire les languettes du châssis.

Bref, nous conseillons ici, comme pour tout ce dont on a besoin en photographie, de ne s'adresser qu'aux premières maisons et de le faire directement. En agissant ainsi on peut être assuré de n'avoir que des appareils bien faits, avec lesquels la réussite ne doit pas se faire attendre longtemps.

Après avoir retiré la plaque de la chambre noire il faut faire apparaître l'image, et pour cela la mettre dans la boîte à mercure dont préalablement on a porté la température à 80 ou 90 degrés. Dans une chambre à mercure plaque normale il faut au moins de 500 à 600 grammes de mercure, on comprend parfaitement que chauffer le mercure à un degré ne signifie que peu de chose puisqu'il faut ici des vapeurs mercurielles, plus il y a de mercure, plus il y a de surface et par conséquent plus le dégagement des vapeurs est grand.

Il faut regarder la venue de l'épreuve une demi-minute, ou trois quarts de minute environ, après sa mise en contact avec les vapeurs mercurielles ; pour une bonne réussite, la plaque ne doit jamais rester plus d'une minute et demie, à deux minutes au mercure pour avoir de beaux blancs et que les noirs ne soient pas encore voilés par une légère couche de mercure, ce qui arrive souvent lorsque, la température étant élevée, on laisse la plaque trop longtemps exposée aux vapeurs.

Nous recommandons vivement de toujours prendre une chambre à mercure avec un fond en tôle vitrifiée, ainsi que M. Schiertz les fabrique presque toutes aujourd'hui ; et nous conseillons aux personnes ayant déjà une boîte à mercure de faire changer le fond de tôle ordinaire qui existe dans celles faites anciennement, contre un fond en tôle vitrifiée ou en porcelaine. Ces fonds réunissent de grands avantages.

Des épreuves tachées par de petits points noirs après le fixage.

Lorsqu'ayant séché la plaque que vous venez de fixer, vous apercevez plus ou moins de petits points noirs qui n'existaient pas au sortir de la chambre à mercure ; ces points ne se sont donc développés que pendant le fixage au chlorure d'or, — ou au sel d'or. — Nous préférons de beaucoup le chlorure d'or au sel, avec lui les taches sont infiniment plus rares, on peut pousser beaucoup plus loin le fixage sans courir le risque de faire éclater la plaque ; — puis les tons des épreuves sont infiniment plus beaux.

Voici la manière de préparer le chlorure d'or liquide, dont nous nous servons toujours avec succès pour le fixage des plaques.

Dans un flacon, mettez :

Chlorure d'or solide...................... 1 gramme.

Eau distillée............................. 400 —

Dans un second flacon pouvant contenir un litre, mettez :

Hyposulfite de soude..................... 4 grammes.

Eau distillée............................. 400 —

Agitez les deux flacons jusqu'à ce que le chlorure et l'hyposulfite soient entièrement dissous.

Quand la dissolution est parfaite versez doucement le chlorure d'or dans flacon d'hyposulfite, en ayant soin de toujours agiter ce dernier.

Il est important de suivre exactement ce conseil, car dans le cas contraire, c'est-à-dire, si vous versiez l'hyposulfite dans le chlorure d'or, il se formerait à l'instant un précipité rouge-brun, qui colorerait le liquide et le rendrait tout à fait impropre au fixage de la plaque daguerrienne.

Nous avons cru devoir donner cette indication, bien que tous les photographes sachent depuis longtemps faire le chlorure d'or liquide et l'effet produit par un liquide versé doucement dans l'autre dans le cas dont nous parlons.

Lorsqu'après avoir séché la plaque vous apercevez de petits points noirs, prenez un flacon dans lequel vous mettez

— Eau de *pluie* .... 100 grammes.

Cyanure de potassium.............. 10 —

Laissez dissoudre un instant en agitant le flacon, mettez votre plaque sur le pied à chlorurer et versez dessus une partie du contenu de la fiole ci-dessus, absolument comme vous avez fait pour le chlorure d'or; regardez attentivement votre épreuve, les points noirs disparaissent peu à peu aussitôt que vous n'en apercevez plus, jetez le liquide, lavez à grande eau et séchez ainsi que vous l'avez fait la première fois après le fixage.

Cette eau cyanurée, loin de donner des tons désagréables à la plaque, les harmonise et les blancs acquièrent une opacité remarquable; bien souvent, il est utile de se servir de ce cyanure bien que la plaque ne soit pas tachée. C'est principalement dans le cas où les blancs sont un peu passés, où les demi-teintes manquent; l'effet produit, dans ces deux cas, par le cyanure est nécessaire pour ramener la plaque à cette teinte harmonieuse *que doivent avoir les bonnes* épreuves.

Nous conseillons vivement aux amateurs ainsi qu'aux artistes de ne jamais laisser une plaque complétement terminée sans la mettre avec tout le soin voulu dans un passe-partout; et de ne jamais y laisser toucher avant qu'elle n'ait été mise à l'abri des chances malheureuses.

Combien de fois ne nous est-li pas arrivé que la personne venant de faire faire son portrait ne prît la plaque terminée entre ses mains et n'envoyât de la salive dessus en répondant à une question adressée par un ami.

Il est donc non seulement bon, mais indispensable d'avoir

toujours à sa disposition et sous sa main des passe-partout de toutes dimensions pour les personnes qui veulent faire des portraits pour le public. On ne peut se dispenser d'avoir un assortiment complet et varié pour la richesse de la forme et de la dorure. Nous avons toujours remarqué, qu'il y avait économie réelle et positive à ne s'adresser qu'à des maisons honorablement connues ; avec elles on est sûr de n'avoir jamais de marchandises de rebut vendues comme de premier choix.

Sous ce rapport, et joint à une fabrication qui ne laisse rien à désirer pour la variété et la perfection de ses modèles de passepartout, la maison Romieu, 15 rue Rambuteau, a toujours mérité notre confiance et depuis longues années nous ne prenons jamais ailleurs ; aussi quelle différence de bonté, de bonne confection lorsqu'on les compare avec ceux que produisent certaines maisons et notamment M. B..., rue Saint-Pierre-Montmartre, dont les annonces dans le journal la *Presse*, sont destinées à remplacer les clients qui ont acheté une première fois, par de nouveaux, (car jamais les clients ne retournent chez M. B. qui essaye dans ce moment de donner plus d'extension à sa fabrication, voulant remplacer la qualité qu'il ne livre pas à ses clients par une clientèle plus nombreuse.)

Et pour qu'il en soit ainsi on doit éviter avec soin l'espèce d'établissement du sieur B..., rue de Saintonge, dont le bazar, capharnaum où sont entassés pêle-mêle ce que Paris fabrique de passe-partout défectueux, d'ébénisterie et notamment de chambres noires du rebut le plus impossible comme confection.

Nous souhaitons à cette maison le sort qu'elle mérite et à nos lecteurs que Dieu les préserve d'y jamais mettre les pieds.

L'artiste qui tire parti de son talent de photographe doit toujours avoir une collection de ces charmants écrins fabriqués avec tant d'habileté par M. Binnechère, 72 rue Beaubourg. Nous engageons vivement les amateurs à se servir de préférence à tout autre genre d'encadrement de l'écrin pompadour, dont la richesse du cercle doré et guilloché, tranche sur le velours aux reflets soyeux qui jouit de la propriété de neutraliser le miroitage de la plaque d'argent à un degré remarquable.

Un portrait mis dans un écrin a réellement plus que doublé de valeur : il n'en est presque plus de mauvais. Nous conseillons aux amateurs et principalement aux artistes de se bien pénétrer de cette vérité.

Ce matin encore, il nous était donné de comparer un de ces charmants écrins faits avec cette légèreté et cette grâce qui constituent un véritable artiste, et une espèce de boîte de bois recouverte de peau et de papier imitant le maroquin, laquelle ne fermait plus à cause de la chaleur du jour; cette lourde et maladroite boite sortait de ce bazar de la rue Saintonge, dont le propriétaire est heureux de porter un nom, qui donne la certitude au mal avisé provincial qui entre dans cette baraque de trouver au moins quelque chose de beau.

CHAPITRE II.

PHOTOGRAPHIE SUR PAPIER.

DU CHOIX DU PAPIER.

On ne saurait apporter trop de soin au choix du papier. Chaque genre de papier a des qualités qui lui sont propres. La texture est plus forte dans les papiers anglais, ils sont plus épais, plus corsés. Les papiers de Saxe sont fins, la pâte serrée, douce; la difficulté de se les procurer et leur prix élevé ont fait renoncer la plupart des amateurs à s'en servir. Les papiers français, ceux que fournit la maison Marion, dont on se sert le plus généralement sont d'une opacité, d'une couleur blanche favorable aux actions des agents chimiques. Que l'on se serve de l'un ou l'autre de ces papiers, on doit le choisir avec soin et rejeter toute feuille ayant des à-jours ainsi que cela se rencontre très-souvent dans les papiers de Canson frères.

M. Marion ayant eu l'heureuse idée de joindre à sa maison, cité Bergère, 14, si connue pour ses papiers de luxe, un atelier spécial pour la préparation des papiers photographiques, chaque amateur aujourd'hui peut se procurer les papiers négatifs cirés, gélatinés, iodurés, suivant différentes méthodes. Les papiers fournis par la maison Marion, ne laissent rien à désirer sous le rapport de la qualité du papier ; et les préparations photogéniques sont faites avec le plus grand soin.

En achetant des papiers préparés avec habileté, l'amateur ou l'élève peu familier avec les manipulations chimiques a, en quelques sorte, la certitude de faire un bon négatif, sans avoir eu les déboires toujours inséparables d'un commencement. Et enfin l'amateur ou l'artiste évite tous les ennuis attachés à des opérations toujours longues et qui ne demandent pour être bien faites que de la pratique.

Avec les papiers négatifs de M. Marion, on obtient des clichés vigoureux et d'un détail excessivement fin. Chaque opérateur aujourd'hui achète son papier préparé dans cette maison, et nous sommes certains d'être ici l'écho de tous les photographes en remerciant M. Marion, des soins qu'il donne aux papiers et à leurs préparations.

Le papier pour les épreuves négatives doit être mince, bien uni, sans cependant avoir été glacé, ce qui le criblerait de petits points presqu'à-jours, ainsi qu'on peut le remarquer dans tous les papiers à lettres glacés. Il faut regarder chaque feuille avec soin et rejeter celles qui auraient quelques traces de fer.

Ces observations regardent également les deux modes d'opérer, que l'on emploie la voie humide ou la voie sèche (papier ciré.)

Nous devons dire que les portraits s'obtiennent généralement par la voie humide. Nous allons décrire les procédés à suivre dans ces deux hypothèses.

I.

VOIE HUMIDE.

Ici, deux formules, bien distinctes se présentent à nous. Celle à laquelle M. Talbot, dans l'origine, a attaché son nom, que M. Laborde a modifiée et qui est généralement connue sous le nom de procédé Laborde, — et ensuite celle où il n'entre pas d'argent avant le bain d'acéto-nitrate mais seulement un iodure de potassium dans la première préparation indiquée d'abord par le docteur Guillot Sagez, et qu'ont modifiée plus ou moins presque tous les opérateurs.

M. Talbot, le créateur de la photographie sur papier, faisait subir deux premiers bains à son papier avant de le soumettre au bain sensibilisateur. — Un premier bain composé de nitrate d'argent et un second d'iodure de potassium. Le plus grand nombre des opérateurs a supprimé le premier bain d'azotate d'argent, mais nous devons le dire, les noirs nous ont toujours paru moins profonds, moins intenses et, peut-

être aussi les clichés ont-ils moins de finesse. La présence
d'un sel d'argent dans la première préparation du papier fait
agir sans doute plus profondément la lumière. M. Laborde
a cherché à réunir les avantages de ces deux méthodes, c'est-
à-dire, facilité et simplicité de la méthode suivie par la plupart
des photographes, et les beautés plus grandes obtenues par
le procédé donné par M. Talbot. Il s'agissait de faire entrer
un sel d'argent dans la première préparation du papier qui
pût donner aux noirs de l'épreuve plus d'intensité, plus de
finesse et de rapidité. Les épreuves obtenues par ce procédé
donnent des blancs purs, et des noirs vigoureux. Les clichés
sont exempts de taches et d'une finesse presque aussi
grande que celle obtenue sur les épreuves sur glace.

Le procédé que nous allons donner n'est pas exactement
celui décrit par M. Laborde, mais bien une modification — qui
nous a paru donner des résultats supérieurs à ceux qu'on ob-
tenait en suivant rigoureusement sa formule. Pour ceux qui
voudraient essayer comparativement les deux formules, nous
les renvoyons pour la description du procédé Laborde aux
diverses brochures qui ont été publiées sur ce sujet.

PREMIER BAIN.

Cyanure de potassium.................. 1 gramme,
Eau distillée......................... 30   —

Dans cette solution, jetez peu à peu et autant qu'elle en peut dissoudre, de l'iodure d'argent récemment précipité [1]. On filtre le mélange, puis on prépare le bain d'iodure de potassium suivant, dans lequel on mêle le bain ci-dessus.

Eau distillée........................... 120 grammes.

Iodure de potassium.................... 5 —

Iodure d'ammoniaque................... 2 —

Sucre de lait........................... 1 —

On verse dans une capsule de porcelaine ou de gutta-percha. — Nous préférons la gutta-percha à toutes les autres matières employées pour la photographie. Nous nous servons depuis cinq ans, de capsules en gutta-percha de la fabrique de M. Leverd et Cie., dont on peut admirer chaque jour la belle et bonne fabrication à son dépôt de vente, boulevard des Italiens 12, sans en avoir éprouvé le moindre inconvénient. Aussi, presque tous les photographes, bien que d'un avis contraire lorsque nous leur en parlions, il y a cinq ans, s'en servent-ils aujourd'hui et s'en trouvent bien.

On verse au fond d'une capsule, la solution ci-dessus, on étend à sa surface une feuille de papier coupée à la grandeur de la planchette de la chambre noire, ou bien on plonge la feuille de papier dans le bain en ayant bien soin de chas-

[1] Voyez *Iodure d'argent* (produits chimiques).

ser les bulles d'air qui auraient pu se former en plongeant la feuille dans le liquide, nous faisons habituellement de cette manière qui est d'un plus facile usage. On met une dizaine de feuilles de papier dans la cuvette, puis on retourne la totalité et on retire celle qui se trouve en dessus, on peut ou la faire sécher en la pendant par un angle avec une épingle ainsi que nous le faisons, ou encore après l'avoir laissée égoutter la sécher dans un cahier de papier buvard qui ne doit servir qu'à cet usage.

Le papier ainsi préparé peut se conserver pendant long-temps même à la lumière sans perdre de sa sensibilité. Ce premier travail se fait généralement dans son laboratoire, à ses moments perdus, puisque le papier préparé ainsi se garde indéfiniment.

La suite des préparations que nous allons décrire ne peut se faire qu'au moment d'opérer, puisqu'il faut que le papier soit humide encore, condition essentielle pour la réussite, — avant de donner cette seconde formule qu'on nous permette une petite observation.

L'image est formée sur la couche sensible aussitôt la pre-mière irradiation lumineuse reçue quand on retire l'obtura-teur de la chambre noire. Cela est certain, puisqu'avec un verre continuateur on peut la parfaire. Le point important était donc de trouver une substance qui pût faire ressor-tir l'image reçue; ou donner à l'acide gallique cette puissance en développant son action. Diverses substances se présentent, l'acétate d'ammoniaque, l'acétate de chaux et l'azotate de plomb. Ces substances, bien qu'agissant d'une manière différente, favorisent le développement de l'image que l'acide gallique seul serait impuissant à faire apparaître. 5 grammes d'acétate de chaux dans deux cents grammes de la solution ordinaire d'acide gallique font développer rapidement l'image, dont les noirs sont très-intenses sans que les blancs soient altérés. Une trop forte proportion des substances que nous venons de nommer ferait noircir les blancs de l'épreuve et les doses que nous donnons ne peuvent guère être dépassées sans danger. De plus l'acétate de chaux permet d'augmenter la dose d'acide gallique que l'eau peut dissoudre alors en plus grande proportion ; l'eau en augmentant progressivement la dose d'acétate de chaux peut dissoudre quinze à dix-huit fois plus d'acide gallique.

L'acétate d'ammoniaque ne peut être joint à l'acide gallique qu'à l'instant même de s'en servir ; pour ce faire on verse dans un verre la quantité d'acide gallique nécessaire pour mouiller la feuille de papier, et on y ajoute la vingtième partie environ d'acétate d'ammoniaque. Il faut l'employer de suite, car l'acétate détermine une décomposition de l'acide gallique. On prend alors un pinceau à poils de martre ou un blaireau soyeux, puis on le promène vivement à la surface du papier que l'on a laissé sur l'ardoise ou la glace du châssis, l'image apparaît de suite et avec vigueur sans que les blancs soient tachés; les noirs ont beaucoup d'intensité.

L'azotate de plomb est employé dans l'acide gallique dissous dans l'eau *distillée*, mais en quantité beaucoup moindre que l'acétate de chaux. L'image vient très-promptement dans tous ses détails, mais les noirs mieux fondus sont moins tranchés et trop nivelés entre eux. Cela donne à l'épreuve une douceur, un *flou* qui quoiqu'assez agréable est cependant défectueux dans la plupart des cas. On ne peut donc choisir qu'entre l'acétate de chaux et l'acétate d'ammoniaque, cela dépend de la manière d'opérer. Nous donnons la préférence à l'acétate de chaux bien que nous nous soyons servis beaucoup plus de l'acétate d'ammoniaque avant qu'on eût découvert les propriétés que les autres substances donnent au sel réducteur.

Nous engageons vivement, alors qu'on a adopté une méthode, de la suivre avec persévérance, et de ne pas aller de l'une à l'autre, dégoûté par un premier insuccès.

§ 2.

BAIN SENSIBILISATEUR.

L'acide acétique ajouté à l'azotate d'argent est destiné à conserver les blancs de l'épreuve que le contact de l'acide gallique ferait noircir rapidement, surtout joint aux substances dont nous venons de parler. Une proportion exacte d'acide doit donc exister dans le bain. Or, la volatilité de l'acide acétique est extrême, ainsi que tout le monde le sait; de là, une cause d'erreur continuelle, ne sachant plus exactement quelle est la dose contenue dans le bain d'acéto-nitrate. Elle varie quelque fois prodigieusement du matin au soir suivant la température de la journée, surtout si l'on est forcé d'opérer à la campagne.

Pour remédier à cet inconvénient, il est bon de changer la composition du bain d'acéto-nitrate et d'employer l'azotate de zinc qui est un produit fixe, qui peut remplacer une partie d'acide acétique et donne à la feuille impressionnée plus de sensibilité. Les blancs de l'épreuve peuvent alors se soutenir très-longtemps sous l'action de l'acide gallique même additionné des substances accélérant la réduction de l'argent. Il jouit de qualités telles qu'on ne doit jamais s'en passer surtout lorsqu'on se sert du procédé que nous venons de décrire. Cela permet aussi de donner au premier bain d'iodure une réaction alcaline par la potasse ou l'ammoniaque, ce que l'on ne pourrait faire que difficilement sans que les blancs de l'épreuve ne noircissent, lorsqu'on fait apparaître l'image. Voici les proportions qu'une longue expérience nous a démontrées comme les plus favorables.

Azotate d'argent...................................... 8 grammes.

Azotate de zinc....................................... 4   —

Acide acétique.. 6   —

Eau distillée.. 125   —

Faites dissoudre les deux sels, puis ajoutez l'acide acétique.

On peut augmenter la quantité d'azotate de zinc et diminuer proportionnellement l'acide acétique.

La feuille de papier étendue sur ce liquide ne doit y séjourner que le temps nécessaire pour qu'elle se soit bien affaissée : ce qui est plus ou moins long suivant la force du papier dont on se sert.

On doit toujours mettre sur la planchette de son châssis, qu'elle soit en glace ou en ardoise, une feuille de papier imbibée d'eau distillée qui est destinée à entretenir l'humidité de la feuille venant de subir l'action du bain d'acéto nitrate.

Avant d'exposer votre feuille nitratée à l'action de la radiation lumineuse dans la chambre noire, assurez-vous de son contact parfait avec celle de dessous qui lui sert de doublure; il faut aussi avoir fait écouler l'excès du liquide à l'aide d'un bâton de verre que l'on passera une seule fois du haut en bas du papier, et non du bas en haut, ou si on le préfère, l'éponger légèrement avec une feuille de papier buvard; ou enfin avant de poser sa feuille nitratée sur la doublure, la laisser égoutter quelques instants. Il faut avoir bien soin en portant son châssis à la chambre noire de ne pas le tourner de bas en haut, mais bien de toujours conserver et planchette et châssis dans la position qu'il doit occuper dans la chambre noire: si l'on en agissait autrement on s'exposerait à avoir presque toutes ses épreuves tachées.

Le procédé que nous venons de donner est de tous ceux employés pour la photographie sur papier le plus prompt, celui avec lequel on peut obtenir les finesses les plus grandes, et des vigueurs d'une intensité remarquable.

Nous ne pouvons néanmoins passer outre sans donner d'autres méthodes avec lesquelles aussi on peut obtenir de bons résultats.

Le procédé à base ammoniacale de M. Humbert de Molard, est un des plus rapides, le voici :

Eau distillée......................... 250 grammes.

Iodure d'ammoniaque................... 10   —

a solution deviendra jaune ambré.

Pendant une minute environ, on immerge complétement ou on y applique d'un côté seulement une feuille de papier qui ne tarde pas à prendre une teinte violacée quand elle contient de l'amidon ou un acide quelconque.

Que l'on ait préparé les feuilles des deux côtés ou d'un seul, elles seront suspendues jusqu'à dessication complète et gardées en portefeuille jusqu'au moment de s'en servir. On applique la feuille alors sur le bain d'argent que nous avons décrit précédemment.

On l'y laissera jusqu'à ce que, si elle était d'un rose violacé, elle soit revenue au blanc complet, même au dos, mais pas plus, car alors elle perdrait de sa sensibilité.

Si la feuille était primitivement blanche par l'effet du petit excès d'alcali ajouté à la solution, elle ne devra séjourner sur le bain que le temps nécessaire à son complet affaissement. Du laps de temps sur le bain d'argent dépend le vrai degré de sensibilité de la feuille.

Au sortir du bain d'acéto-nitrate, on égouttera bien la feuille, avant de l'étendre sur la glace garnie d'une première feuille de papier mouillé, puis on passera dessus un bâton en verre.

Nous croyons inutile de donner d'autres procédés et nous engageons vivement nos lecteurs à employer le procédé que nous avons décrit le premier. Les résultats sont bien supérieurs à ceux que l'on peut obtenir avec tous les autres procédés connus jusqu'à ce jour, surtout sous le rapport de la facilité, et de la certitude dans les résultats.

§ 3.

DÉVELOPPEMENT DE L'IMAGE.

Au sortir de la chambre noire, bien que la radiation lumineuse ait frappé le papier, l'image n'est pas apparente, il faut la faire développer.

On emploie, ainsi que nous l'avons dit, l'acide gallique.

Eau distillée........................ 1,000 grammes.

Acide gallique....................... 3 —

L'eau sera saturée à moins que sa température ne soit très-élevée.

Dans un flacon on mettra de la solution ci-dessus........................ 100 grammes.

Acétate de chaux.................... 2 —

On verse cette solution dans une capsule de gutta-percha, puis on étend dessus sa feuille de papier que l'on détache du châssis de la chambre noire ; on la retourne de suite afin de bien l'immerger ; l'image se développe presqu'aussitôt et progressivement, de sorte que l'on peut en arrêter les progrès. Lorsque vous jugez l'image assez venue, retirez alors la feuille de papier et plongez-la dans l'eau pour empêcher l'action des sels réducteurs de continuer.

§ 4.

FIXAGE DE L'IMAGE.

L'image ainsi développée ne serait pas permanente, il faut la fixer. On emploie plusieurs sels à cet usage, deux seulement méritent d'être mentionnés.

Le bromure de potassium.

L'hyposulfite de soude.

Lorsqu'on opère à la campagne, dans les champs, on doit se servir du bromure, parce qu'il permet de continuer ses opérations, l'épreuve n'ayant pas autant besoin d'être surveillée. On peut l'y laisser depuis 15 minutes jusqu'à une heure et demie, ou deux heures sans qu'elle ait subi de détérioration sensible, puis on la lave à l'eau ordinaire et lorsqu'on rentre chez soi on la fixe de nouveau à l'hyposulfite afin de rendre au papier la transparence que les parties blanches de l'épreuve avaient perdue pour se colorer en jaune.

Il est essentiel, indispensable, de ne pas toucher à l'hyposulfite pendant tout le temps qu'on opère, car la moindre trace, même la plus légère, suffit pour tacher d'une façon irrémédiable toutes les épreuves que l'on ferait ensuite.

Il en est de même dans son laboratoire. Alors qu'on fixe des épreuves à l'hyposulfite, il ne faut préparer ni papier ioduré et encore moins du papier positif dont il sera question plus loin. On doit de même éviter avec soin de se servir d'une capsule ayant contenu de l'hyposulfite pour y mettre un autre bain, il faut donc une cuvette ad hoc ; il en sera de même des fioles. On doit rejeter toutes celles ayant contenu de l'hyposulfite soit liquide, soit solide.

La présence de l'hyposulfite se reconnaît facilement sur les papiers, elle laisse des raies dont le caprice produit ce qu'on appelle vulgairement des cartes de géographie.

Le bain de bromure se compose ainsi :

Bromure de potassium.................. 20 grammes.

Eau................................... 500   —

Le bain d'hyposulfite de soude dans lequel les épreuves négatives doivent toujours passer, qu'elles aient été ou non fixées au bromure de potassium, se compose ainsi :

Eau .... 500 grammes.

Hyposulfite de soude.................. 50   —

Laissez les épreuves jusqu'à ce que le papier soit redevenu blanc. Nous devons faire observer que chaque épreuve doit être seule dans le bain d'hyposulfite et en général ne doit y rester que dix minutes pour avoir atteint toute la transpa-rence désirable.

Lavez ensuite l'épreuve pour la débarrasser de l'hyposulfite qui est entré dans la pâte du papier, laissez-la séjourner une heure environ dans l'eau, puis séchez-la soit en la pendant par un angle, ou mieux dans du papier buvard destiné à cet usage.

L'image ainsi obtenue et fixée est complétement inaltérable à la lumière. Avec le même cliché on peut tirer des centaines d'épreuves sans le gâter, il est aussi beau après qu'avant. Lorsque le cliché est vigoureux il est bon de le cirer afin de lui donner plus de transparence.

§ 5

CIRAGE DU CLICHÉ.

On fait fondre dans une capsule plate en cuivre étamé , ou bien sur une feuille de doublé d'argent, de la cire vierge, puis on étend dessus le cliché, aussitôt que la cire a pénétré sur toute la surface, on le retire, puis on le met entre deux feuilles de papier et on promène dessus un fer chaud. Il faut faire attention que la chaleur ne soit pas trop forte, cela criblerait le cliché de petits points qui le perdraient. Lorsque vous avez bien retiré l'excédant de cire, c'est-à-dire lorsque votre feuille de papier n'est plus tachée par la cire que rend le cliché, alors vous pouvez vous en servir, il est complétement terminé.

DU PAPIER CIRÉ, OU DU PAPIER SEC.

Le procédé intitulé par voie sèche, offre des avantages tellement grands dans certaines circonstances que nous croyons utile de nous étendre un peu longuement sur les modifications et les formules différentes avec lesquelles on peut obtenir des résultats remarquables.

La voie sèche est inappréciable surtout lorsqu'il s'agit de vues. Elle est supérieure même à l'albumine sur verre dont elle n'a pas la ligne dure et inflexible, les tons heurtés et par cela même trop criards. Entre les mains d'un opérateur habile elle réunit la netteté de l'albumine sans en avoir la sécheresse. Sa vigueur excessive et une harmonie extrême dans la dégradation des demi-teintes, lui assurent un avantage réel et aujourd'hui généralement reconnu de tous les amateurs de photographie.

Le papier ciré réunit aux avantages de magnifiques résultats, une exécution assez facile pour faire des vues et très facile lorsqu'on la compare à la voie humide. En effet avec le procédé à sec, on n'est plus dans la nécessité d'être près d'une maison d'habitation où l'on puisse trouver une chambre suffisamment obscure pour y préparer son papier ni d'emporter avec soi une tente doublée de noir pour sensibiliser son papier à l'abri de la lumière.

On prépare son papier dans son laboratoire, on l'emporte tout prêt, et même dans son châssis de telle sorte qu'arrivé dans le lieu où le point de vue paraît préférable, il ne reste qu'à mettre au point la chambre noire et substituer le châssis à la glace dépolie. On a inventé, il y a deux ans environ, un châssis qui promettait d'être fort commode, mais nous croyons qu'il laisse beaucoup à désirer dans la pratique. Avant de sortir de chez soi on place dans ce châssis douze feuilles de papier séparées par un ruban de fil, au moyen d'un dédoublement de ce châssis, alors que vous avez posé et fait recevoir la radiation lumineuse sur une feuille de papier, vous l'ôtez en appuyant le ruban de fil sur ce dédoublement et la feuille pressée passe dans cette seconde partie, une autre feuille se trouve de nouveau en position de recevoir les rayons lumineux, et la feuille les ayant reçus est désormais à l'abri de la lumière dans cette espèce de boîte.

Un autre genre de châssis a été inventé par M. Duboscq pour cet usage. Dire qu'il a été inventé par M. Duboscq, c'est donner la meilleure garantie de sa perfection pratique. En effet avec ce genre de châssis, il ne peut y avoir comme dans le précédent d'erreur possible. Pour le voyage ce genre de châssis est surtout précieux puisqu'il permet de supprimer le châssis portant la glace dépolie, que vous n'êtes plus exposé à casser, ce qui peut vous mettre dans l'impossibilité de travailler pendant un ou plusieurs jours; la glace dépolie est dans une boîte avec les glaces entre lesquelles on met le papier ciré sensibilisé.

Le papier se conserve parfaitement pendant dix jours au moins, sans avoir perdu de ses qualités; et l'on peut attendre deux jours avant de faire apparaître l'image, avec un sel réducteur. Un autre avantage est celui de pouvoir laisser pendant un jour et même deux une épreuve en contact avec l'acide gallique, dont le papier ciré n'est pas taché, ni même le liquide troublé. On comprend facilement l'importance de cette propriété qui permet, alors qu'on s'est trompé sur le temps de la pose de pouvoir y remédier en laissant séjourner plus longtemps l'épreuve sur le bain réducteur.

§. 1er

CIRAGE DU PAPIER.

Ayez une bassine en cuivre étamé, ou mieux en doublé d'argent, mettez-la sur un trépied dont vous vous êtes assuré de l'horizontabilité parfaite, mettez dedans de la cire vierge en suffisante quantité, et promenez dessous une lampe à alcool pour la faire fondre.

Quand vous avez une belle couche de cire fondue, prenez votre feuille de papier et l'y appliquez. Si vous vous aperceviez que dans certains endroits la cire ne touchât pas le papier, faites-le adhérer au moyen d'une carte avec laquelle vous presserez le papier sur la couche de cire. Saisissez-le alors par les deux angles d'un des petits côtés et tirez-le à vous de façon à ce que la feuille frottant légèrement sur le rebord de la capsule, l'excès de cire soit repoussé et retombe dans la cuvette : on agit de même pour chaque feuille que l'on veut cirer. On prend une de ces feuilles de papier; on applique dessus du côté qui a porté sur la cire dans la bassine une seconde feuille de papier, on pose alors ces deux feuilles entre des feuilles de papier buvard, puis on promène dessus un fer à repasser plus ou moins vite suivant son degré de chaleur. On change de place les feuilles cirées jusqu'à ce qu'elles ne laissent plus de traces de cire sur le buvard. On les serre avec soin en évitant de les plier, car le papier ciré se casse et cela fait tache dans le cliché, tache presque toujours irrémédiable.

§. 2.

Prenez un litre de sérum dont vous vous serez assuré de la limpidité en le filtrant soit dans un linge fin et serré, soit dans du papier buvard dont la trame serait lâche, et faites dissoudre les sels suivants qui doivent donner une préparation sensible sous la réaction du bain de nitrate d'argent.

Prenez sérum ou petit lait............. 1,000 grammes.

Iodure de potassium................... 20 —

Cyanure de potassium................ 1 —

Fluorure de potassium............... 80 centi.

Faites dissoudre les sels et versez de cette solution dans une cuvette ce que vous jugerez nécessaire pour immerger complétement et facilement tout votre papier ciré.

Nous engageons vivement à avoir au moins 2 centimètres de liquide sur le fond de la cuvette, lorsqu'on a retiré le papier, on verse dans la bouteille ce qui reste de la solution pour s'en servir une autre fois. Elle peut servir jusqu'à complet épuisement.

Il faut avoir soin qu'il ne reste aucune bulle d'air entre les feuilles de papier, ce qui est rendu facile par la transparence du papier ciré. Lorsqu'en mettant sa première feuille sur ce bain on aperçoit des bulles d'air, on les chasse au moyen d'un pinceau à soies un peu dures. Ayant pris une capsule plus grande un peu que le papier que vous voulez immerger, un moyen facile d'éviter les bulles d'air est, lorsque vous avez une certaine épaisseur de liquide, de prendre votre papier par les deux grands côtés, par conséquent un petit côté est devant vos mains, poussez-le en le plongeant sous la première feuille qui est sur votre liquide jusqu'à ce que toute la feuille ait disparu sous l'autre, de cette façon, avec beaucoup de facilité, vous êtes certain de n'avoir pas de bulles d'air entre vos feuilles, condition essentielle, chaque bulle faisant tache dans le cliché ; ce qui est naturel, l'air ayant empêché le contact de liquide d'avoir lieu. Lorsque vous avez de la sorte mis toutes les feuilles de papier cire en contact avec la solution, laissez-les environ une demi-heure ou trois quarts d'heure dans ce bain. Puis retirez la première posée sur la solution et la laissez sécher pendue par angle.

Il est inutile de faire cette préparation dans un endroit obscur ; je préfère même lorsque mes feuilles sèchent avoir une grande lumière diffuse, même du soleil. Elles acquièrent alors une teinte violacée assez intense, bien que peu unie, ce dont il ne faut pas trop s'inquiéter. Quand les feuilles sont bien sèches on les serre dans un portefeuille ou carton. Lorsqu'elles ont été préparées de la sorte elles sont meilleures au bout de plusieurs mois, se conservent ainsi des année entières, non seulement sans rien perdre de leurs qualités, mais encore sont plus sensibles que le jour même de leur préparation.

§. 3.

DE LA SENSIBILISATION.

Lorsque vous voulez faire une excursion pour prendre des vues , la veille de votre départ préparez au bain d'acéto-nitrate une certaine quantité de feuilles déjà iodurées. Bien que l'on puisse obtenir de bonnes épreuves sur des feuilles préparées depuis quinze jours, nous engagerons nos lecteurs à n'en préparer que ce qu'ils croiront employer dans l'espace de quatre jours. Les feuilles perdent un peu de sensibilité au bout de ce temps, surtout si la température est élevée. Il est inutile de dire que l'opération qui va suivre doit être faite à la lueur d'une bougie seulement.

Mettez dans un flacon de verre noir

Eau distillée.......................... 500 grammes.

Nitrate d'argent...................... 35 —

Laissez dissoudre l'azotate d'argent

Puis ajoutez :

Acide acétique........................ 40 grammes

Noir animal........................... 8 —

Versez doucement la solution dans une capsule, le noir animal restera au fond de la bouteille : prenez une feuille de papier ciré ioduré décrit ci-dessus, puis plongez-la dans la cuvette. Ayez soin qu'il ne reste pas de bulles d'air à la surface de l'acéto-nitrate ; chassez-les au moyen d'un pinceau spécialement affecté à cet usage. Votre feuille devra rester environ quatre minutes dans ce bain ; il est du reste très-facile de juger le temps nécessaire à cette opération, la feuille de papier ciré ioduré que vous avez posée dessus d'une couleur violacée doit devenir entièrement blanche, c'est seulement, quel que soit d'ailleurs le temps qu'elle ait passé sur l'acéto-nitrate, c'est seulement lorsqu'elle est redevenue uniformément blanche que l'on doit la retirer. Il n'y a donc pas d'erreur possible pour le temps précis que doit durer l'immersion dans le bain d'argent.

Dans une seconde cuvette vous avez de l'eau distillée dans laquelle vous plongez votre feuille au sortir du bain d'acéto-nitrate, vous pouvez y mettre plusieurs feuilles ensemble, cependant il serait préférable de ne le pas faire. Laissez votre feuille dans cette cuvette le temps d'en préparer une seconde au bain d'argent, puis portez-la dans une troisième cuvette remplie également d'eau distillée; dans ce second lavage, vous la laisserez le même temps à peu près que dans le précédent, puis enfin vous la séchez dans du papier buvard bien propre et n'ayant jamais servi ; la feuille n'en doit sortir que bien sèche pour être mise entre les feuilles d'un cahier de buvard contenu dans un portefeuille destiné à cet usage, lequel doit être lui-même encore enveloppé d'un étui de carton dans lequel le jour ne puisse pénétrer.

Dans cet état votre papier est prêt à être mis dans le châssis de la chambre noire pour recevoir l'irradiation lumineuse.

L'eau contenue dans la première capsule qui a servi au lavage doit être conservée précieusement pour être employée comme nous le dirons tout à l'heure.

Les préparations que je viens d'indiquer sont celles dont l'usage est le plus répandu. Avec elles on obtient de bons résultats. Nous n'avons pas cru possible de les passer sous silence, mais nous allons en donner une autre dont la supériorité est pour nous bien démontrée.

Finesse incomparablement plus grande, vigueur et intensité remarquable danss les noirs, et demi-teintes bien conservées, bien fondues, ayant un modelé qui ne peut être atteint, nous le croyons, par aucun autre mode de préparation. Nous le recommandons spécialement aux amateurs, certains d'avance que dans ce procédé ils trouveront une source de jouissance à la vue des magnifiques résultats qu'ils obtiendront.

Ce mode de préparation réunit à une finesse extraordinaire une rapidité remarquable, rapidité qu'il est impossible d'atteindre avec aucun autre. Nous ne saurions trop engager les amateurs à s'en servir exclusivement. Ils ne trouveront, que fort difficilement, nous en avons la certitude, un procédé réunissant à un plus haut degré toutes les qualités que l'on peut rechercher. La préparation, bien que simple, n'est cependant pas toujours facile pour une personne ne faisant que depuis peu de temps de la photographie. Nous engageons donc à ne pas se laisser rebuter par un premier insuccès, on en sera magnifiquement récompensé par les belles épreuves négatives que l'on obtiendra lorsque la manipulation en sera devenue habituelle.

Le papier étant ciré ainsi que nous l'avons déjà dit, doit avant le cirage avoir été marqué d'un signe quelconque en indiqunat l'envers.

Dans un premier flacon on prépare une solution composée de :

Eau distillée........................... 15 grammes.
Azotate d'argent....................... 15   —

Dans un autre flacon on fait dissoudre, en élevant sa température :

Eau distillée........................... 25 grammes.
Iodure de potassium.................... 40   —

Mêlez les deux liquides, il se formera de suite un précipité d'iodure d'argent qui se dissoudra en ajoutant, s'il est besoin, un excès d'eau distillée saturée d'iodure de potassium. Il ne faut pas plus de 15 minutes pour que la liqueur redevienne claire, c'est-à-dire que la solution saturée d'iodure de potassium doit avoir dissous le précipité d'iodure d'argent qui s'était formé instantanément au contact des deux liquides.

On verse cette solution dans une cuvette, puis on applique dessus son papier ciré, le côté marqué d'un signe en dessus ; afin que l'endroit du papier, c'est à-dire le côté qui n'a pas porté sur la toile métallique, soit en contact avec la solution. Laissez-le sur le liquide jusqu'à complet affaissement. Retirez-le alors, et le laissez sécher en le pendant par un angle. Lorsqu'il sera sec, passez-le dans une cuvette contenant de l'eau distillée, où il ne devra rester que quatre ou cinq minutes pour être porté ensuite dans une seconde cuvette également pleine d'eau où il devra séjourner de dix à douze minutes. Faites-le de nouveau sécher et laissez-le ensuite exposé au soleil pendant une demi-heure environ, ou à une lumière diffuse très-intense. Le papier qui au sortir du bain d'iodure était devenu jaune, devra avoir blanchi d'une façon bien sensible à l'œil. Les papiers ainsi préparés peuvent se conserver très-longtemps.

Lorsqu'on voudra s'en servir on le sensibilisera en le mettant en contact avec le bain d'acéto-nitrate que nous avons décrit pour le papier ciré. Cependant il est préférable de composer ainsi son bain.

Eau distillée............................ 300 grammes.

Azotate d'argent........................   25   —

Azotate de zinc.........................   15   —

Acide acétique..........................   35   —

Noir animal.............................   5   —

Il faudra laisser sur ce bain le papier jusqu'à ce qu'il soit redevenu complétement blanc, environ quatre minutes, puis lavez ainsi que je l'ai dit pour la première formule.

On peut se servir du pouvoir d'un agent puissant pour faire apparaitre l'image, mais nous croyons qu'il vaut mieux la laisser venir sans trop précipiter la réaction.

§ 4.

APPARITION DE L'IMAGE.

Ainsi que nous l'avons déjà dit, il est positif que l'image est formée aussitôt que les rayons lumineux l'ont frappée. Malgré une pose dépassant de beaucoup le temps nécessaire , si rien n'est apparent, il faut employer un réactif plus ou moins énergique pour la faire développer. Dans tous les systèmes l'acide gallique est le sel réducteur employé à cet effet. On l'emploie à saturation ; l'eau à la température ordinaire n'en dissout guère que deux grammes pour 1,000 grammes.

Mettez donc dans une cuvette environ cent grammes de la solution saturee d'acide gallique, plongez-y votre papier. L'image ne tardera pas à paraître, d'abord un peu rouge, puis ensuite elle prend des tons de plus en plus bruns que presque toujours cependant il est nécessaire de faire passer à un noir bien franc en ajoutant une petite quantité de l'eau du premier lavage du papier ciré au sortir du bain d'acétonitrate. Cette eau est chargée d'un peu de nitrate qui réagit et se combine avec l'acide gallique réduisant le sel d'argent contenu dans le papier. On ajoutera plus ou moins de cette eau suivant la venue de l'image, néanmoins il ne faut en ajouter qu'un quart d'heure après qu'on a mis son papier dans l'acide gallique ; on ne peut conserver le liquide ainsi mélangé longtemps en contact avec le papier, l'eau de nitrate d'argent étant décomposée et l'argent réduit par l'action de l'acide gallique, on tacherait son papier inévitablement. Bien qu'on puisse laisser le papier ciré pendant bien des heures en contact avec l'acide gallique, il est rare cependant qu'une bonne épreuve mette plus d'une demi-heure à une heure au plus à se développer. C'est donc quand on est près de retirer son épreuve qu'il convient d'ajouter de cette eau nitratée, il ne faut plus alors la quitter de l'œil.

Lorsque vous jugez votre épreuve assez développée, retirez-la, et la plongez dans l'eau pour arrêter l'action de l'acide gallique, — puis ensuite fixez-la comme il est dit §. 4. page 44.

Il est inutile de dire que ce cliché n'a pas besoin d'être ciré ; — mais presque toujours un coup de fer peu chaud le rend meilleur. Les diverses substances employées dans les bains font boursoufler les tissus du papier ; le fer passé dessus lui donnant une pression légère, en resserre le tissu qui redevient beaucoup plus lisse.

Au moment de mettre sous presse, nous lisons dans une excellente revue, le *Cosmos*, rédigée avec cette lucidité qui n'appartient qu'à une intelligence supérieure, et à une science bien réelle, une note adressée à son directeur M. l'abbé Moigno, sur une nouvelle méthode de photographie sur papier sec.

Nous devons dire que, bien que nous n'ayons pas essayé cette nouvelle métbode, elle nous paraît excessivement pratique, bonne, simple, et devant donner les résultats indiqués par son auteur.

Nous la transcrirons sans rien y changer. Monsieur Stéphane Geoffroy, avocat à Roanne, écrit au directeur du *Cosmos* une lettre que M. l'abbé Moigno s'empresse de communiquer à ses abonnés photographes. Nous laissons parler M. Geoffroy.

« Je regrette beaucoup de ne pas pouvoir encore vous donner les détails que je vous avais annoncés sur mes expériences photographiques avec la benzine ; jusqu'à présent, je ne suis pas parvenu à obtenir avec ce produit une rapidité plus grande que celle des papiers cirés à la manière ordinaire et comme cette rapidité ne me satisfait pas, j'attends, pour publier mes essais sur le nouveau véhicule photogénique, d'avoir trouvé le moyen de joindre à tous ses autres avantages celui d'une grande sensibilité. Néanmoins, je vous adresse dès aujourd'hui la description complète d'une méthode pour papier humide ou sec qui a sur celle pour papier

ciré de M. Legray [1], de très-sérieux avantages. — Je vous
l'affirme excellente, et ses résultats se sont toujours produits
d'une manière si facile, si simple et si continue, que je crois
être utile aux photographes en la publiant.

« §. 1. J'introduis 500 gr. de cire jaune ou blanche dans
un litre d'alcool au degré du commerce dans une cornue de
verre, et je fais bouillir l'alcool jusqu'à dissolution complète
de la cire (j'ai eu soin de disposer à la suite de ma cornue un
un appareil au moyen duquel je puis recueillir tout le produit
de la distillation). Je verse dans un vase le mélange encore
liquide ; bientôt, à mesure qu'il y a refroidissement, la myricine et la cérine se solidifient, et la céroléine reste seule en
dissolution dans l'alcool ; j'isole ce liquide en le passant sur
un linge fin ; et par une dernière opération, je le filtre à travers un papier dans un entonnoir de verre, après y avoir
mêlé l'alcool résultant de la distillation. Je conserve en pro-
vision cette liqueur dans un flacon bouché à l'émeri et je
m'en sers à mesure que j'en ai besoin après l'avoir mélangée
de la manière suivante.

[1] La méthode de M. Legray, qui le premier proposa le papier
ciré et sec, est à peu près la même que celle que nous avons indiquée la première dans cet ouvrage. Nous ne l'avons modifiée
qu'en substituant le sérum à la décoction d'eau de riz, afin d'a-
voir avec plus de rapidité une finesse un peu supérieure.

« §. 2. D'autre part je fais dissoudre dans 150 grammes d'alcool à 36 degrés, 20 grammes d'iodure d'ammonium (ou de potassium) 1 gramme de bromure d'ammonium (ou de potassium), 1 gramme de fluorure d'ammonium (ou de potassium).

« Dans une capsule j'ai versé sur 1 gramme environ d'iodure d'argent fraîchement préparé, et goutte à goutte, ce qu'il faut absolument pour la dissoudre d'une solution concentrée de cyanure de potassium.

« J'ajoute cet iodure d'argent dissous au mélange précédent et j'agite; il reste comme un dépôt au fond du flacon, une épaisseur assez considérable de tous les sels ci-dessus, qui servent à saturer l'alcool par lequel je remplace successivement celui saturé que j'extrais au fur et à mesure dans les proportions ci-dessus.

« §. 3. Ces deux flacons composés, et lorsque je veux précisément des négatifs, je prends 200 grammes environ de la solution n° 1 de céroline et d'alcool auxquels je mêle 20 grammes de la solution n° 2, je filtre le mélange avec soin pour éviter les cristaux non dissous qui tachent toujours le papier, et je fais dans une cuvette de porcelaine un bain où je laisse s'imbiber pendant un quart d'heure environ et par cinq ou six à la fois, jusqu'à épuisement de la liqueur, les papiers choisis et coupés. — Retirés, suspendus par un angle et séchés, ces papiers, qui ont pris une teinte rosacée touours très-uniforme, sont enfermés à l'abri de la poussière et conservés au sec. Quant à la sensibilisation par le nitrate d'argent, l'apparition de l'image sous l'action de l'acide gallique et la fixation de l'épreuve par l'hyposulfite de soude, je suis les méthodes ordinaires. J'ajoute seulement, si j'en ai de dissoute, 1 gramme ou deux d'eau-de-vie camphrée à 1 litre de la dissolution d'acide gallique.

« Permettez-moi, Monsieur, de dire quelques mots sur les avantages que j'ai *toujours* remarqués en préparant mes négatifs par cette méthode.

« Tous ceux qui emploient les papiers cirés par le procédé de M. Legray, savent combien sont nombreuses, lentes et difficiles les opérations préliminaires jusqu'à la sensibilisation par le nitrate d'argent. Ils savent combien il faut de précautions pour obtenir du papier uniformément enduit et sans taches au milieu de si longues opérations où les occasions d'accidents sont si nombreuses. En effet, il faut être en garde avec une attention soutenue contre les impuretés des cires livrées par le commerce, contre la poussière pendant l'imprégnation du papier et tout le travail du fer, contre la trop grande chaleur de celui-ci, contre la mauvaise qualité du papier pour étancher, etc. Les photographes savent aussi ce qu'on perd de cire par ce procédé et ce que coûtent les *quantités* de papiers nécessaires pour étancher convenablement. — On comprend encore combien est difficile et lente l'imbibition d'un papier ciré au préalable, par une solution aqueuse. — Au contraire, par la méthode dont je vous donne la description, l'ioduration et le cirage se font par une seule, simple et rapide opération; l'imbibition est, on le conçoit, très-uniforme et très-complète, grâce à la faculté de pénétration que possède l'alcool, et ce *grenu* des épreuves cirées ordinaires qui est si fâcheux, ne peut se produire de cette manière, grâce au caractère de la céroléine; ce corps est effectivement d'une remarquable élasticité.

« La solution de céroléine dans l'alcool est d'ailleurs très-facile à préparer et relativement peu coûteuse, car les résidus de stéarine et de myricine, ou bien peuvent être rendus au commerce, ou en tous cas sont d'un excellent emploi pour cirer les épreuves fixées.

« La solution dont je vous donne la formule est photogénique à un très-haut degré; en effet, employée avec des papiers minces ou forts, elle donne, dès le premier bain d'acide gallique, des noirs d'une intensité vraiment remarquable, qu'il est impossible d'obtenir au même point avec le papier de M. Legray, et que les autres papiers accusent à peine après avoir été traités une seconde fois par l'acide acétique ou le bichlorure de mercure. Elle conserve en même temps les blancs et les demi-teintes d'une manière qui me surprend à chaque nouvelle expérience, je n'ai pas *pu* obtenir encore une seule épreuve piquée par l'acide gallique additionné de nitrate d'argent. La transparence des épreuves est toujours admirable et la netteté de l'image ne le cède en rien à cell des épreuves obtenues sur albumine.

« Le papier préparé comme je le dis, est aussi très-rapide relativement au papier de M. Legray, il gagne sur ce dernier un quart, et conserve sa sensibilité dans la même proportion de temps, trois jours de plus sur douze. Ainsi, il est à la fois plus rapide et moins altérable; cette rapidité relative se conçoit très-bien, en se rappelant que la céroléine est un élément beaucoup plus *mou* que son composé; quant à la fixité, elle tient à la manière intime et complète, suivant laquelle s'est faite l'ioduration, à la pureté des éléments qui y ont concouru et à une aptitude photogénique propre de la céroléine que la science expliquera sans doute bientôt.

« **Je vous** sais assez bienveillant, Monsieur, pour excuser l'importunité d'une si longue communication, vous me pardonnerez d'ailleurs facilement en pensant que, si j'ai recours à votre excellente revue, c'est persuadé de livrer un procédé *réellement* avantageux à ceux qui, comme moi, retirés dans la province, loin des ressources de Paris, attendent trop souvent, en vain, les communications *consciencieuses*, dont manquent presque toujours, les nombreuses brochures répandues à foison et sans avantages pour les acheteurs. »

CHAPITRE III.

DE L'ALBUMINE.

Quoique nous préférions de beaucoup le papier à l'albumine, néanmoins comme certains amateurs l'emploient presqu'exclusivement, nous ne pouvons nous dispenser d'en parler : nous le ferons avec autant d'exactitude et de soin que pour ce qui regarde le papier, dans lequel, suivant nous, est tout l'avenir de la photographie.

L'albumine donne, à moins d'une habileté très-rare, des tons heurtés, où le noir succède au blanc presque sans transition aucune. Nous devons dire cependant qu'entre les mains de trois ou quatre opérateurs seulement elle donne de magnifiques résultats, dans lesquels les demi teintes sont bien dégradées.

Un avantage réel de l'albumine reconnu par tous les photographes c'est qu'on obtient sur glace albuminée une image dont la ligne est plus positive, et les détails plus intenses que sur le papier. Généralement les artistes préfèrent les épreuves sur papier qui rapprochent plus des résultats que l'art du peintre cherche à atteindre.

La grande, la vraie difficulté de l'albumine, est sa dessication sur la glace sans poussière, ce qui donne dans le cliché autant de taches qu'il y a de parcelles adhérentes à la couche d'albumine.

§. I.

La préparation de l'albumine rendue photogénique est des plus faciles. Cependant une bonne proportion dans le dosage des substances est important. Voici les doses qui nous ont le mieux réussi. L'expérience a été notre seule guide.

Prenez des blancs d'œufs bien purs de toute trace de jaune et de germe. Il est bon de choisir de gros œufs; les petits, le plus souvent, viennent de jeunes poules à peine adultes, dont l'albumine est trop visqueuse, ce qui retarde l'opération : dans les très-vieilles poules au contraire, l'albumine manque de visquosité et souvent elle se déchire dans les bains réducteurs. Il est donc bon de se tenir dans un juste milieu quant à l'âge des poules, et pour ce faire, prenez, comme nous venons de le recommander, de gros œufs.

De cette albumine mettez dans une bassine de porcelaine bien propre :

Albumine............................	100 grammes.
Eau distillée........................	30 —
Iodure de potassium.................	1, 10 c.

L'iodure de potassium étant dissous préalablement dans l'eau, battez le mélange avec une fourchette de bois ou d'ivoire, ne servant qu'à cet usage, jusqu'à ce qu'il soit en-tièrement réduit en mousse épaisse. Il ne doit plus alors res-ter de liquide sous cette mousse. Ce point est important, car alors on s'exposerait à avoir quelques filaments dans l'albu-mine qui se trouvera sous cette mousse après quelques heures de repos.

Laissez reposer plusieurs heures, une nuit par exemple, à l'abri de la poussière et décantez le liquide qui se trouve sous la mousse dont la partie extérieure s'est durcie. Ce liquide visqueux est de l'albumine additionnée d'une petite quantité d'eau, et rendue photogénique.

On ne peut conserver l'albumine ainsi préparée plus de 48 heures, encore faut-il avoir soin de la mettre dans un en-droit frais.

L'albumine ainsi préparée, il ne reste qu'à l'étendre sur la glace pour la faire sécher ensuite.

§ II.

NETTOYAGE DES GLACES.

Cette opération demande un soin tout particulier ; d'elle dépend l'adhérence plus ou moins complète de l'albumine.

Nous croyons qu'il est utile, même indispensable de ne se servir que de glaces. Les verres que l'on peut employer pour le collodion, bien que les glaces soient de beaucoup préférables, doivent être ici rejetés sans hésitation.

MM. Lécu et Richy, gendre de M. Guilloux, viennent de s'établir, 5, rue Saint-Étienne Bonne-Nouvelle. Dans leur maison, on trouve des glaces bien rodées et à des prix modérés. Nous engageons vivement nos lecteurs à ne pas reculer devant la faible dépense occasionnée par une douzaine ou deux de glaces, ils en seront amplement récompensés par les résultats.

Il faut donc autant que faire se peut, que la glace soit chimiquement propre. L'emploi de l'alcool et de l'ammoniaque ne suffit pas le plus souvent lorsque la glace a servi une dizaine de fois. L'albumine y adhérant plus facilement, souvent elle se soulève pendant les bains que vous devrez lui faire subir.

Il faut employer pour arriver à un nettoyage complet, soit un bain de potasse caustique, 10 à 12 grammes de potasse pour 100 d'eau, ou de cyanure de potassium à la dose de 8 à 10 grammes pour 100. Laissez tremper la glace dans une de ces deux solutions et l'albumine s'enlèvera alors facilement et complétement, ce que l'alcool ne pourrait faire.

Lorsque la glace porte un cliché qui a été fixé, il est bon de la laisser tremper quelque temps dans un bain de potasse après que l'albumine a été enlevée par le premier bain.

Il faut ensuite faire passer la glace dans l'eau afin d'enlever toute trace de potasse, et même on fera bien de la laisser quelques secondes dans un bain d'acide nitrique très-étendu.

Les glaces nettoyées ainsi, ne conserveront plus de traces du bain de potasse, il faut alors les faire sécher. Il s'agit maintenant de les polir à l'aide d'un tampon de coton et de tripoli mouillé avec de l'alcool, ainsi qu'on le fait pour les plaques daguerriennes. On frotte de suite toutes les glaces dont on veut se servir, puis après les avoir successivement polies, on prend un tampon de coton que l'on fait aussi dur que possible pour le passer sur les glaces et en chasser le tripoli qui a séché dessus. Ensuite avec un tampon très-peu serré on enlève les parcelles de tripoli qui ont pu échapper au polissage précédent.

La glace alors est propre, il ne reste plus qu'à chasser les atomes de poussière que l'électricité, due au frottement du verre, y a fait adhérer. On emploie pour cela une peau de daim ou un blaireau bien propre.

La méthode la plus facile pour étendre l'albumine sur la glace, et celle le plus généralement employée, est un mandrin de bois qu'on y a fait adhérer préalablement au moyen d'une couche gutta-percha. On doit avoir plusieurs mandrins destinés et préparés pour cet usage.

Le mandrin est un morceau de bois rond d'une longueur de 15 centimètres environ. L'extrémité qui doit supporter la glace doit être enduite de gutta-percha.

On pose alors sa glace sur une feuille de papier, le côté destiné à recevoir la couche d'albumine en dessous, on chauffe légèrement la gutta-percha du mandrin, puis on l'applique sur le milieu de la glace. Une ou deux minutes après la gutta-percha adhère à la glace et vous pouvez l'enlever. C'est alors qu'on doit passer dessus le blaireau destiné à faire disparaître toute trace de poussière.

On ne saurait trop recommander de prendre toutes les précautions possibles pour se garantir de la poussière, c'est l'écueil de l'albumine. L'appartement dans lequel on opère doit donc être privé des poussières que pourrait faire voltiger un courant d'air quelque léger qu'il pût être, et on doit avoir arrosé quelque temps avant d'y entrer pour faire les préparations.

Ayant minutieusement observé tous ces détails préliminaires, on prend une glace par le mandrin que l'on saisit avec la main gauche, et la tenant horizontalement on verse dessus la quantité d'albumine nécessaire pour couvrir la glace. Lorsque l'albumine s'est bien uniformément répandue, on fait égoutter l'excès en la penchant alternativement de côté, puis on la laisse ensuite égoutter par un angle jusqu'à ce qu'il ne reste plus que le liquide nécessaire. Alors on imprime au mandrin un mouvement de rotation qui force la couche d'albumine, quoique très-mince à s'étendre uniformément. Mais aussi ne faut-il pas exagérer le mouvement, trop de rapidité laisserait le milieu de la glace à sec, la force centrifuge chasserait l'albumine sur les bords.

Ayant ainsi étendu l'albumine, il faut la laisser sécher à l'abri de la poussière. La manière la plus simple est d'avoir une boîte à rainuré posée horizontalement dans laquelle on coule une glace dans chaque. Il faut que la température de la boîte ait été suffisamment élevée pour obtenir une prompte dessication.

Une condition essentielle est l'égalité de la couche d'albumine, sa sensibilité augmentant jusqu'à de certaines limites avec son épaisseur, l'image serait dans de certaines parties trop venue alors que les autres seraient faibles, si cette égalité parfaite n'existait pas.

§ III.

PRÉPARATION DU BAIN D'ACÉTO-NITRATE.

Cette opération est devenue très-facile par l'emploi des cuvettes verticales aujourd'hui entre les mains de chaque photographe. L'emploi d'une capsule ordinaire présente des causes d'insuccès nombreuses, bien qu'on ait l'habitude de cette manipulation. Nous ne parlerons donc que dans l'hypothèse de la cuvette verticale.

Le bain d'acéto-nitrate doit être composé de la sorte :

Azotate d'argent...................... 18 grammes.

Acide acétique........................ 20 —

Eau distillée......................... 200 —

Nous croyons que ces proportions sont plus favorables à l'albumine que celles que nous avons indiquées par le papier; cependant lorsqu'on a un bain d'acéto-nitrate pour le papier on peut s'en servir, on obtiendra également de bons résultats.

On pose sa glace sur son crochet, puis, d'un seul coup et

sans temps d'arrêt aucun , on l'enfonce dans la cuve verticale contenant le bain ci-dessus décrit.

Le moindre arrêt fait une ligne dans le cliché qui ne peut
plus s'effacer.

Trente secondes suffisent le plus habituellement pour que
l'iodure de potassium contenu dans l'albumine soit changé
en iodure d'argent ce que l'on reconnaît à son aspect laiteux
et opalin. On doit éviter de laisser la glace trop de temps en
contact avec le bain d'acéto-nitrate, la couche d'albumine
doit être encore légèrement transparente, son opacité ne doit
pas être absolue ; car dans ce cas , sa sensibilité serait diminuée.

On la retire alors et on la lave dans l'eau distillée jusqu'à
ce que l'eau quitte la couche d'albumine uniformément. Laissez-la sécher en la posant sur un angle pour faciliter l'écoulement du liquide. Les glaces une fois sèches , peuvent se
conserver huit à dix jours en ayant soin de les tenir dans un
endroit où elles ne puissent subir une action lumineuse.

Dans le cas fortuit où vous n'auriez pu vous servir de vos
glaces ainsi préparées , on peut les rendre de nouveau sensibles en les plongeant quelques instants dans le bain d'acéto-
nitrate ; il faut les laver ainsi que nous l'avons dit tout-à-l'heure.

§ 4.

L'indication du temps exact de la pose est chose impossible, nous devons dire qu'ici les inconvénients en sont beaucoup moindres que pour le portrait, car à bien peu d'exceptions près on n'emploie l'albumine que pour les vues. Nous conseillerons de faire poser plutôt plus que moins, car il est beaucoup plus facile d'arrêter la venue d'un cliché, même de l'affaiblir que de le renforcer. Nous engagerons donc l'opérateur à faire poser environ dix minutes par un beau soleil d'été à Paris, pour obtenir en un monument ; l'objectif simple, normal, muni d'un diaphragme de deux centimètres d'ouverture. Si c'est un paysage avec beaucoup de végétation, on peut faire poser une demi-heure sans risque.

Une remarque de M. Niepce de St-Victor, excessivement juste, est la nécessité de mettre derrière la glace albuminée une feuille de papier blanc. Nous engagerons donc vivement à ne pas oublier cette recommandation. Le temps de la pose, si on ne le faisait pas, devrait être augmenté d'une manière sensible ; et chose remarquable, avec le papier la netteté sera augmentée.

La glace retirée de la chambre noire, on doit faire apparaître l'image avec l'acide gallique. Il faut que l'eau distillée en soit saturée avec excès. Sur un support à vis calantes, qu'on a dû préalablement mettre parfaitement horizontal, posez votre glace et étendez rapidement dessus une couche d'acide gallique à saturation. Il faut avoir soin qu'aucune partie de la glace ne reste à sec, ce qui arrive par le retrait du liquide réducteur et produit des taches dans le cliché. Suivez le développement de l'image et au bout de cinq mi-nutes, si elle ne vous paraissait pas assez vigoureuse , ren-versez l'acide gallique, et remplacez-le par une solution de nitrate d'argent ainsi composée :

Eau distillée............................ 100 grammes.

Nitrate................................ 4   —

Si la pose n'avait pas été suffisante , vous pouvez en ré-pétant ces deux opérations plusieurs fois donner de la force au cliché. Un bon négatif doit être développé complétement dans dix minutes au plus.

Si la pose a été trop prolongée , l'image apparaissant de suite dans tous ses détails, les parties blanches se colorent promptement; il faut laver de suite afin d'empêcher l'action de l'acide-gallique de continuer.

On doit avant de fixer la glace albuminée la laver à grande eau.

Contrairement à ce qui se fait pour le papier, il est préfé-rable de fixer l'albumine avec le bromure de potassium dans la proportion suivante, qui est la même que celle que nous avons indiquée pour le papier, nous la répétons:

Eau distillée........................... 500 grammes.
Bromure de potassium.................. 20   —

Etendez une couche de cette solution sur votre cliché, et quinze à vingt minutes après, votre épreuve est fixée. Si l'image avait trop d'intensité, on pourrait la laisser plus long-temps en contact avec le bromure de potassium qui l'affai-blirait un peu par une action prolongée.

On peut également fixer à l'hyposulfite de soude, mais seu-lement dans le cas où l'épreuve serait beaucoup trop vigou-reuse. L'hyposulfite ronge avec assez de vitesse l'intensité de l'épreuve, mais aussi les parties blanches sont un peu trop dénudées, ce qui donne de la sécheresse à l'épreuve posi-tive que ce cliché est destiné à produire.

Lorsque votre image est ainsi fixée, lavez-la à grande eau. Il faut emporter toute trace du fixage, surtout si vous avez employé l'hyposulfite de soude, ce qu'on ne peut obtenir que par un lavage des plus complets.

Laissez sécher votre glace en la posant sur un angle, afin de faciliter la chute de l'eau. Lorsque votre cliché est bien sec, mettez-le dans votre boîte pour vous en servir quand bon vous semblera. Ce cliché est alors excessivement solide, il faut un choc pour le détruire en cassant la glace. On peu tirer des centaines, des milliers d'épreuves sans l'altérer en quoi que ce soit.

Nous ne saurions trop recommander tous les petits détails que nous venons de donner ; c'est en les suivant scrupuleusement que l'on obtiendra de bons clichés. Ces détails, bien que minutieux, constituent dans leur ensemble un tout qu'on ne peut négliger si l'on veut avoir des résultats complets.

Une propreté excessive est indispensable, et l'on doit éviter par dessus tout pendant la réduction des sels d'argent la présence de l'hyposulfite de soude. Le seul contact des doigts ayant touché quelques instants auparavant à l'hyposulfite perdrait le cliché d'une façon absolue. Nous engageons donc l'opérateur non seulement à n'y avoir pas touché, mais même à éloigner pendant l'action du sel réducteur le voisinage de l'hyposulfite.

Les cuvettes et les entonnoirs ayant servi à l'hyposulfite de soude doivent être scrupuleusement rejetés pour toutes les préparations albumineuses. Nous avons déjà à cet égard prévenu l'opérateur, dans le chapitre traitant du papier négatif, des inconvénients résultant du contact de l'hyposulfite de soude. Nous ne saurions trop le répéter.

CHAPITRE IV.

DU COLLODION.

L'emploi du collodion en photographie ne date pas encore de loin ; cependant il a fait tant pour son emploi que pour sa fabrication beaucoup de progrès. Mais aussi de quelle substance s'est-on plus servi ? Tous les photographes l'ont employé aussitôt son apparition, et il n'en est pas un aujourd'hui qui ne s'en serve chaque jour.

C'est qu'aussi il a rempli une lacune bien grande pour le portrait. Il était difficile de faire un beau portrait sur papier ; le temps de pose était trop long, ou bien lorsqu'on voulait hâter l'opération en ne donnant pas le temps au premier bain d'iodure, de sécher avant de le sensibiliser dans l'acéto-nitrate, on avait alors des taches toujours nombreuses qui détruisaient l'harmonie de l'épreuve ; aussi malgré sa rapidité avait-on renoncé à ce genre de préparation, que nous avions nommé par voie humide-humide. Nous avons négligé d'en entretenir nos lecteurs, cela ne pourrait leur être d'aucune utilité, car personne aujourd'hui, alors qu'il s'agit d'un portrait ne s'avise d'employer une substance autre que le collodion.

Le collodion est une découverte tout anglaise, malgré qu'elle soit revendiquée par un photographe français, qui cite à l'appui de ses prétentions deux lignes de la préface d'une petite brochure de photographie sur papier qu'il publiait, disant qu'il était possible d'encoller son papier avec du collodion médicinal. Il est admis généralement que le collodion photographique est d'invention anglaise.

Le collodion est une découverte merveilleuse pour la facilité de son emploi, la beauté, la finesse, le modelé, les détails d'un portrait. Il réunit les qualités les plus rares pour ce genre de travail : Sa rapidité extrême, facilite beaucoup le modèle, et par cela même l'opérateur. Il n'exige pas de longues préparations pour s'en servir, et après la pose l'image est tout de suite développée, et rendue inaltérable à la lumière en quelques secondes.

Depuis son importation en France, on se figure difficilement combien le charlatanisme s'est servi du collodion pour gagner ou mieux voler l'argent de ceux qui apprennent la photographie. On ne peut croire combien de personnes fa-

briquent un collodion toujours *supérieur* à tous ceux connus; et ce qui doit paraître plus extraordinaire, c'est le
grand nombre de personnes se laissant prendre à ces annonces fallacieuses.

Dans tous les collodions, la base est presque toujours un
iodure plus ou moins additionné qui, mis en contact avec
un bain de nitrate d'argent, donne alors une couche sensible
à l'action lumineuse; une couche d'iodure d'argent.

Les mêmes principes qui ont servi pour le papier, peuvent
s'appliquer en les modifiant, au collodion. Ainsi par exemple,
de tous les papiers le plus sensible, et cela sans contes-
tation possible, est celui renfermant un sel d'argent dans la
première préparation, ce sel est toujours un iodure d'argent. Dans le collodion, le plus sensible est aussi celui contenant de l'iodure d'argent.

La préparation du collodion est on ne peut plus facile,
mais on doit faire bien attention, qu'un poids exactement le
le même, ne peut donner les mêmes résultats un jour ou
l'autre. La présence de l'éther sulfurique en très-grande
proportion, 80 p. 0/0 environ, est une cause incessante
d'incertitude, sa volatisation étant extrême. En effet, il suffit
d'une élévation de la température pour avoir dans le poids
de l'éther, et surtout dans ses propriétés une différence bien
appréciable. Une atmosphère chargée de vapeurs humides,
change les qualités du collodion, des vapeurs chimiques se

trouvent-elles dans le laboratoire, le collodion s'en charge immédiatement et sa composition se trouve changée par l'incorporation d'une quantité de parcelles atomiques. On comprend que la composition du collodion doit varier avec le milieu dans lequel on le place. L'hiver et l'été, l'intérieur des terres ou le bord de la mer, l'élévation du sol au-dessus du niveau de la mer et l'élévation au-dessus du sol, sont des causes qui, avec les différents courants d'air régnant dans l'atmosphère, doivent faire varier sa composition. Aussi croyons-nous, que chaque opérateur doit être à même chaque jour de modifier surtout et principalement sa densité. Car sans doute, la position géographique dans laquelle il opère ne change pas, ou du moins peu souvent, la température est donc à peu près la seule chose essentiellement variable, la densité du collodion doit la suivre, ainsi que la quantité d'iodure.

Quelques amateurs ont prétendu que l'iodure d'argent dans le collodion l'empêchait de se conserver et qu'il se décomposait à la lumière. Ces deux faits sont complétement inexacts. Seulement, et ainsi que nous venons de le dire, la composition d'un collodion n'est plus la même lorsqu'il a été longtemps en contact avec l'air, la chaleur., etc.

D'où il suit que, quel que soit le collodion, on ne doit pas en faire une grande quantité d'avance et surtout ne pas le laisser débouché, sous peine de lui voir perdre la plus grande partie de sa sensibilité. On doit ne pas le conserver dans un endroit humide, encore moins dans un lieu où la température soit élevée, il faut le tenir éloigné de tout dégagement de vapeurs rutilantes; éviter les vapeurs mercurielles, de brôme, de chlore, etc, etc.

Bien que le collodion, ainsi que nous venons de le dire, ait fait de notables progrès depuis son apparition, chaque jour on trouve quelque chose de nouveau, de préférable à ce qu'on avait trouvé la veille. C'est de tous les procédés celui qui se prête le mieux à des mélanges nouveaux. Aussi, après avoir commencé, avec l'iodure de potassium seul, collodion qui donne de bons résultats, a-t-on employé quelques chlorures qui donnent des épreuves remarquables par leur solidité et l'opacité des noirs : mais la formation de l'image est lente. Ce collodion ne peut être employé avec avantage que pour les vues. On a ensuite employé et vanté beaucoup trop, l'iodure d'ammoniaque qui seul donne des résultats très-médiocres, à cause surtout de son inconstance très-grande par une température élevée. Cette prédisposition doit faire rejeter dans les jours de chaleur tout collodion fait exclusivement à l'iodure d'ammoniaque, sous peine, en n'ayant presque plus de sensibilité d'avoir ses épreuves fendillées.

Nous avons essayé les divers composés de fers et n'avons pas obtenu de résultats entièrement satisfaisants. Cependant avec l'iodure de fer on obtient peut-être plus de rapidité qu'avec les autres substances, mais on a beaucoup plus de déboires ; nous ne mentionnons donc ces faits que pour encourager les photographes à chercher dans cette voie, une méthode sûre.

Nous nous servons de préférence des bromures qui furent beaucoup vantés en Angleterre et avec raison ; à nos yeux, c'est là qu'on peut et qu'on doit chercher avec certitude.

L'addition éminemment favorable d'un bromure au collodion photographique est due à la composition d'un double sel de bromure d'argent.

Pour nous qui voulons éviter par dessus tout à nos lecteurs des tâtonnements, nous ne leur donnerons que des formules positives, dont les résultats nous sont parfaitement connus et éprouvés par de nombreux travaux.

Pour le collodion nous ne ferons pas comme pour le papier et l'albumine, où nous avons cru ne devoir donner qu'une ou deux formules, ici nous donnerons presque toutes celles employées et suivies par les photographes les plus distingués.

Ce qui nous engage à agir de la sorte, est le grand nombre de méthodes suivies pour préparer le collodion, chaque personne faisant son collodion d'une certaine façon obtient avec de bons résultats ; nous livrons donc ces diverses formules; mais celui qui, en nous lisant, demande notre méthode celle que nous croyons la plus certaine, dont nous nous servons chaque jour, et avec laquelle nous regardons les déboires comme impossibles, celui-là devra suivre exactement la formule que nous donnons en la recommandant particulièrement.

Ayant spécialement consacré une partie de ce livre à la fabrication des produits chimiques, nous n'entrerons ici dans aucun détail sur le fulmi-coton, ou coton azotique, nous renvoyons au chapitre traitant des produits chimiques et particulièrement le paragraphe — intitulé *coton-azotique*.

Le collodion photographique n'est autre que le collodion médicinal beaucoup plus fluide additionné d'une substance sensible à la lumière.

Nous engageons vivement les amateurs à préparer eux-mêmes leurs collodions ou tout au moins à sensibiliser et étendre le collodion médicinal, dont voici la composition :

Coton azotique.............................8 grammes.

Éther sulfurique.......................100 g.

Alcool................................... 20 g.

Si votre coton a été bien préparé il doit se dissoudre dans cette quantité de liquide.

Ce collodion, qui n'est autre que celui employé dans la médecine, doit être toujours conservé avec soin pour s'en servir au besoin. Tout laboratoire de photographie doit en

posséder toujours un flacon pour pouvoir ajouter et modi
fier suivant ses désirs le collodion photographique.

Nous ferons observer que lorsqu'on a un collodion excessivement sensible, il perd au bout de quelques jours un peu
de sa sensibilité, ou bien il se décompose. Dans ce cas, il
faut tenir séparés le flacon de collodion et le flacon destiné
à le sensibiliser. Le collodion anglais qui est le plus sensible
est toujours vendu ainsi et pour tous on devrait agir de la
sorte, le succès en serait plus certain.

Nous engageons donc à ne préparer, c'est-à-dire à ne
sensibiliser que le collodion que l'on peut employer soit
dans sa journée soit dans l'espace de 48 heures. Cette remarque est essentielle pour obtenir une réussite constante.

Soit que l'on se serve de collodion médicinal ainsi que
nous le faisons le plus souvent, soit qu'on le prépare de suite
pour le rendre photogénique, il faut toujours que le collodion soit suffisamment fluide, c'est dire que l'on devra
ajouter soit du collodion médicinal, soit du coton azotique,
suivant que sa densité sera plus ou moins grande.

Voici une formule qui donnera le plus souvent la fluidité
convenable :

Éther sulfurique........................ 60 grammes.
Alcool à 36............................. 20 g.
Coton azotique.......................... 1 g.

Faites dans un petit flacon une solution alcoolique saturée à à chaud d'iodure de potassium, l'alcool devra dissoudre environ la dixième partie de son poids, d'iodure de potassium.

Ajoutez lorsque le coton azotique est entièrement dissous dans l'éther et l'alcool ci-dessus :

De la solution alcoolique d'iodure de potassium 10 gr.

Dans le plus grand nombre de cas, ce collodion aura la densité désirable, et une sensibilité assez grande. C'est la formule la plus simple et l'une des premières.

Laissez reposer une journée, puis décantez. Nous croyons très-nuisible de filtrer les collodions, nous engageons donc nos lecteurs à les décanter seulement.

Il est important d'avoir toujours un flacon de collodion médicinal, afin de pouvoir augmenter la densité du collodion photographique dans le cas où il serait trop fluide, et dans le cas contraire on devrait ajouter de l'éther sulfurique et de l'alcool par parties à peu près égales, suivant la ténacité du collodion.

Il est toujours désirable d'avoir dans un laboratoire un flacon de collodion à l'iodure de potassium tout simplement.

Nous allons décrire le procédé employé par M. Bingham pour faire son collodion ; c'est une formule employée avec succès par beaucoup d'opérateurs. La voici :

Dans un flacon de 6 onces environ, versez :

Iodure d'ammonium......................... 53 grains.

Fluorure de potassium....................... 2 —

Eau distillée............................... 4 à 5 gouttes.

L'iodure d'ammonium ne doit pas être entièrement dissous par l'eau distillée, il suffit que le sel soit presque dissous.

Remplissez le flacon, de collodion suffisamment fluide, et la dissolution des sels s'achèvera.

On doit faire attention à ces détails, car si on avait mis une plus grande quantité d'eau, le collodion ne serait pas adhérent, la couche se détacherait dans le bain de nitrate.

Agitez le flacon deux ou trois fois et laissez reposer jusqu'à ce que le liquide devienne clair et limpide ; la couleur sera jaune pâle, mais si le coton azotique avait conservé quelque trace d'acide, il deviendrait rouge plus ou moins foncé.

Collodion à l'iodure d'ammoniaque.

Le collodion à l'iodure d'ammoniaque est sensible, les épreuves sont pures, cependant nous devons faire remarquer que l'iodure d'ammoniaque est un produit difficile à se procurer à un état de pureté satisfaisant, presque toujours il y a excès d'iode, et alors le collodion perd un peu de sa sensibilité ; d'un autre côté, il faut également éviter l'excès d'ammoniaque. L'iodure d'ammoniaque ne se conserve pas longtemps dans un état de pureté, bien qu'on ait soin de le tenir dans un flacon bouché à l'émeri.

Faites dissoudre dans :

Éther sulfurique......................... 130 grammes.

Alcool à 36............................. 30   —

Coton azotique......................... 2   —

Agitez le flacon jusqu'à ce que le coton-poudre soit entièrement dissous : puis ajoutez :

Iodure d'ammoniaque, 2 grammes, que vous aurez fait préalablement dissoudre dans alcool 20 grammes, que vous ajoutez au premier flacon. Agitez et laissez ensuite reposer

pendant une journée. Décantez et conservez dans deux flacons bouchés à l'émeri.

Nous croyons inutile de nous étendre davantage sur les
collodions ne contenant pas d'iodure d'argent. Ici, comme
dans les préparations pour le papier, on a voulu bannir l'iodure d'argent dans la première préparation. Or, il est incon-
testable qu'ici, comme dans le papier, l'iodure d'argent
favorise beaucoup l'impressionnabilité de la couche. Les
collodions contenant de l'iodure d'argent sont donc beaucoup plus sensibles que les autres collodions.

Collodion à l'iodure d'argent du docteur Fau [1].

N° 1. Dans une petite quantité d'alcool, faites dissoudre de l'iodure d'ammoniaque jusqu'à ce que le liquide reste trouble, et laissez reposer cette *dissolution alcoolique saturée d'iodure d'ammoniaque*, pendant que vous ferez la préparation suivante :

N° 2. Il faut obtenir de l'iodure d'argent fraîchement précipité, nous renvoyons nos lecteurs à l'article *iodure d'argent* à la fin de ce petit traité.

N° 3. Dans un flacon de la contenance d'environ deux cents grammes, introduisez une quantité quelconque d'iodure de potassium et remplissez presque entièrement le flacon d'alcool, faites chauffer de l'eau dans un vase, sur la lampe à esprit-de-vin, débouchez le flacon et placez-le dans un bain-marie. De temps en temps retirez-le du bain pour l'agiter vivement après l'avoir bouché.

Si tout l'iodure de potassium venait à se dissoudre, il fau-

---

[1] Nous extrayons textuellement des leçons de photographie du docteur Fau, la composition qu'il donne de son collodion.

drait en ajouter une nouvelle quantité. Au bout d'une demi-heure environ, l'alcool aura dissous autant d'iodure qu'il peut en dissoudre, et la préparation sera prête à être employée aussitôt qu'elle sera refroidie. Il doit toujours en rester au fond du flacon, et en ayant soin d'ajouter de l'alcool à mesure qu'on fait usage de la solution, et de l'iodure lorsque tout celui que contient le flacon vient à se dissoudre, on aura toujours une *solution alcoolique concentrée d'iodure de potassium*.

Prenez une petite quantité d'iodure d'argent que vous mettez dans un verre à expériences et ajoutez-y, goutte à goutte, de la solution alcoolique d'iodure d'ammoniaque, n° 1, en remuant toujours le mélange avec une petite baguette de verre. Bientôt, il commencera à s'éclaircir, et dès qu'il ne paraîtra plus que très-faiblement trouble, vous cesserez d'y verser de l'iodure d'ammoniaque et vous aurez terminé la préparation de *l'iodure d'argent et d'ammoniaque*.

Ether sulfurique pur..................... 120 grammes.

Faites dissoudre le plus exactement possible :

Coton azotique........................... 2 —

Puis ajoutez :

Alcool à 36°............................. 60 —

Agitez le flacon jusqu'à ce que le coton soit entièrement dissous. Lorsque la dissolution est complète, ajoutez-y deux grammes d'iodure d'argent et d'ammoniaque et agitez le flacon. Le mélange se trouble bientôt, et au bout de quelques minutes il prend un aspect laiteux. Pour lui rendre sa transparence, versez-y, dix grammes par dix grammes, de la solution alcoolique saturée d'iodure de potassium n° 3, agitez le liquide après chaque addition de cette substance et peu à peu vous le verrez s'éclaircir. Ordinairement 30 grammes de la solution suffisent pour lui rendre une transparence suffisante, le repos fera le reste. Au bout de vingt-quatre heures, ce collodion est parfaitement limpide et l'on peut s'en servir aussitôt qu'on l'aura décanté.

Ce collodion est très-sensible et donne de bons résultats comme certitude.

Voici le procédé dont nous nous servons chaque jour et qui nous a été donné par un amateur des plus distingués, M. Ribot ; nous le prions de nouveau de vouloir bien recevoir ici nos remerciements pour plusieurs remarqués importantes qu'il a bien voulu nous communiquer notamment pour son procédé de fixage des épreuves positives. Nous n'avons presque pas modifié sa formule de collodion. La voici : nous ne saurions trop recommander son emploi, aux amateurs qui veulent opérer à coup sûr et dans les meilleures conditions possibles.

Dans un flacon n° 1, faites dissoudre sur un bain de sable :

Iodure de potassium...................... 10 grammes.

Dans alcool à 33°...................... 100   —

Lorsque l'iodure de potassium est dissous, ajoutez jusqu'à saturation de l'iodure d'argent, nouvellement précipité et bien lavé à l'alcool.

Dans un flacon nº **2**, faites dissoudre dans :

Alcool à 40.............................. 100 grammes.

Iodure d'ammoniaque à saturation.

Dans un troisième flacon :

Mettez du flacon nº **1**.................... 33 grammes.

Du flacon nº 2........................... 66   —

Puis ajoutez :

Bromure de cadmium...................... 2   —

Agitez le flacon et laissez reposer quelques heures.

Décantez le liquide qui vous servira à sensibiliser le col-lodion simple.

Prenez collodion médicinal, rendu suffisamment fluide par l'addition d'éther et d'alcool, ou collodion simple, 100 gram-mes, ajoutez 15 grammes du flacon nº 3, ou liqueur sensi-bilisatrice, agitez, et lorsque le mélange est parfait vous pouvez vous en servir.

Un collodion qui nous a donné d'excellents résultats comme finesse et rapidité très-grande est le suivant :

Iodure de cadmium....................... 1 gramme.

Bromure de cadmium...................... 2   —

Faites dissoudre ces deux sels dans un flacon contenant environ 25 grammes d'alcool à 40 degrés.

Versez dans un flacon de collodion médicinal suffisamment fluide, la moitié environ du petit flacon contenant l'iodo-bromure de cadmium.

Si votre collodion manquait d'iodure, ajoutez-en, s'il en avait trop, mettez du collodion simple.

Dans la fabrication du collodion, on ne peut agir que par tâtonnement, par essai.

Nous avons essayé, mais sans avoir encore obtenu de résultats complets, d'employer l'iodure de fer, le bromure de fer. Ces préparations nous ont donné une sensibilité supérieure à toutes celles employées jusqu'à ce jour, mais laissent trop à désirer pour que nous les communiquions à nos lecteurs. Nous voulons ne donner ici que des formules certaines, afin de guider positivement le lecteur au but qu'il se proposait en lisant notre brochure, c'est-à-dire une réussite assurée.

Nous avons aussi essayé, et avec succès même, le valérianate de zinc. Ce collodion est bon, mais ne nous a pas donné ce que nous espérions, une rapidité plus grande : loin de là, il est certainement plus lent que les collodions dont nous venons de parler en dernier lieu, sa rapidité est celle de la formule donnée par M. Bingham. Nous essayons cependant chaque jour de la modifier, nous croyons arriver au but que nous cherchons, finesse et rapidité.

Préparation des glaces.

Un des points essentiels dans la photographie sur glace, est leur nettoyage, de là dépend l'adhérence de la couche de collodion.

Lorsque la glace que vous employez, a déjà servi et qu'une épreuve a été fixée à l'hyposulfite de soude, il est important de faire dans un flacon une dissolution de cyanure de potassium à 8. pour cent environ d'eau filtrée. Versez sur votre glace de cette dissolution et avec un tampon de coton faites partir l'ancienne couche de collodion, passez un second tampon de coton afin de bien enlever la solution de cyanure, puis mettez du tripoli et ayant imbibé un tampon de coton polissez votre glace comme vous le faites pour une plaque de doublé d'argent ; vous avez dû d'abord nettoyer le côté de votre glace, qui ne doit pas recevoir la couche de collodion ; on comprend bien que la propreté soit nécessaire afin de ne pas salir le bain d'argent dans lequel elle sera plongée, cependant le dos de la glace ne demande pas toutes les précautions nécessaires pour le côté qui doit recevoir la couche de collodion.

Votre glace étant bien polie, laissez sécher la couche de tripoli et d'alcool qui se trouve dessus, enlevez-la alors avec un tampon de coton bien serré, et puis avec un autre tampon non serré enlevez les parcelles de tripoli qui ont pu échapper au premier tampon passé à sec.

La glace est alors prête, il ne reste plus qu'à passer dessus un blaireau bien propre à l'instant même où vous allez la couvrir de collodion.

La propreté des glaces est chose indispensable, nous ne saurions trop appeler l'attention de nos lecteurs sur cette opération importante.

De la couche de collodion et de sa sensibilisation

Lorsque vous voulez faire un portrait ou une vue sur collodion, il est indispensable d'avoir, avant de verser son collodion sur sa glace et de la sensibiliser, préparé sa pose, c'est-à-dire d'avoir mis au point et placé le sujet comme il doit être ; le collodion ne peut attendre, sa sensibilité disparaît très vite et inégalement, lorsqu'il se sèche. Il faut donc n'avoir qu'à vérifier le point et glisser de suite le châssis contenant la glace collodionnée dans la chambre noire.

Nons croyons utile d'observer qu'il est nécessaire d'avoir une chambre noire spéciale pour le collodion. C'est une légère dépense qu'on aura bien vite couverte ; elle évitera beaucoup de non réussites et donnera beaucoup de facilité pour obtenir de belles épreuves.

Ici, comme dans la chambre noire pour plaques dont nous avons déjà parlé, nous croyons bien préférable et plus commode, de se servir d'une chambre noire dont la glace dépolie ne s'enlève pas, mais se rabat sur la queue de la chambre.

M. Schiertz, ébéniste, 27, rue de Huchette, construit des

chambres noires spécialement pour collodion, dont les châssis faits avec intelligence facilitent beaucoup l'opérateur qui ne craint plus ces marbrures qui arrivent souvent avec les chambres noires ordinaires et proviennent du bois mouillé par le liquide emporté par la glace du bain d'azotate d'argent.

Les glaces ne touchant pas le châssis de bois ne peuvent en être tachées. Une espèce de petit récipient muni d'une petite éponge existe dans le bas du châssis et absorbe le liquide qui, dans les chambres noires ordinaires coule par les angles des châssis, tombe par terre ou sur les vêtements de l'opérateur et les tache de nitrate d'argent.

Le temps que l'on doit laisser subir à la glace la radiation lumineuse est certainement un point essentiel, malheureusement il nous est impossible de donner un temps fixe, certain. La pratique peut seule donner cette appréciation du temps voulu. Nous devons cependant donner comme temps probable avec une belle lumière venant du nord, sous une terrasse vitrée et par un jour ordinaire de printemps, dix à vingt secondes avec le collodion dont nous nous servons, c'est le temps que nous mettons avec un grand objectif français, système allemand.

Les moyens les plus simples sont généralement ceux dont on se sert le plus dans la pratique, et nous les employons de préférence à tous les autres.

Votre glace étant parfaitement nettoyée, saisissez-la par un angle entre le pouce et l'index fermé et appuyé sur les autres doigts ; tenez-la horizontalement et versez dessus doucement en approchant autant que possible le flacon de collodion du côté de la glace le plus éloigné de vous ; il faut que le collodion versé sur la glace puisse la couvrir et au delà ; puis, par un petit mouvement faites couler sur toute la surface de la glace le collodion dont vous rejetez l'excès par un des angles dans le flacon.

Agitez votre glace par un petit tremblement de la main, afin de faire disparaître les stries qui auraient pú se former en laissant égoutter le collodion par un des angles de la glace.

Lorsque vous vous apercevez que votre couche de collodion est bien prise, et avant qu'elle ne soit sèche d'une manière absolue, plongez-la dans une cuvette verticale contenant une dissolution de nitrate d'argent dont voici la composition.

Eau distillée........................... 500 grammes.

Azotate d'àrgent .... 40 —

Nous engageons à diminuer la dose de nitrate d'argent pendant l'été et à la porter à 10 pour % pendant l'hiver. L'été une solution à 6 pour % suffit et est même préférable.

Plongez votre glace d'un seul coup et sans temps d'arrêt dans le bain d'azotate que nous venons de décrire. On se sert à cet effet d'une règle en glace ayant à sa base un petit morceau de glace collé à la gomme laque et servant de crochet. On appelle le plus communément cette bande de glace, crochet.

Donc, vous appuyez sur votre crochet un petit côté de votre glace, le collodion du côté opposé et l'enfoncez dans le liquide contenu dans la cuvette; l'immersion a lieu facilement et sans craindre un mouvement d'arrêt. Aussitôt votre glace en contact avec le liquide, retirez le crochet de manière à la sortir, puis renfoncez-la, et agissez plusieurs fois de la sorte sans craindre de le faire trop vite; plus vous agitez votre glace, et plus l'éther disparait promptement de la couche collodionnée, d'où l'iodure d'argent se formant plus vite se forme plus également, car le contact a lieu presque de suite sur toute la surface de la couche collodionnée qui se trouve rendue sensible à la lumière par l'action du nitrate, formant avec l'iodure de potassium, ou d'ammoniaque un iodure d'argent, et dans le collodion que nous employons, un double sel d'iodo bromure d'argent et dont la base de cadmium augmente encore la sensibilité. Il est donc important que la glace soit le moins de temps possible dans le bain d'azotate d'argent pour que l'iodure d'argent s'y produise suffisamment, ce que l'on reconnaît lorsque les larmes et les raies semblables à des matières grasses, ont disparu de la surface: si on n'agitait pas la glace ces larmes et raies mettraient deux minutes au moins à disparaître, tandis qu'en agitant continuellement il faut à peine trente secondes. La sensibilité dépend beaucoup de cette opération, nous recommandons de suivre exactement nos conseils à cet égard ; la réussite viendra toujours les confirmer.

Aussitôt que votre couche de collodion n'a plus ni larmes ni raies, il faut la renfermer dans le châssis et la porter à la chambre noire. Le maximum de sensibilité pour le collodion est le point précis où cessent les taches graisseuses, il doit avoir alors un aspect légèrement laiteux, avoir de la transparence, et néanmoins avoir une certaine opacité, être d'une couleur bleuâtre, légèrement opaline.

Après avoir laissé le temps nécessaire à la chambre noire, rapportez votre châssis au laboratoire pour faire apparaître l'image.

Développement de l'image.

Deux manières bien distinctes se présentent pour le développement des images.

L'une par le proto-sulfate de fer, qui d'abord fut très-préconisée, et maintenant est à peu près abandonnée. Nous allons cependant la décrire, bien que nous engagions à ne pas s'en servir : dans des circonstances données, elle peut être très-utile. Veut-on faire des vues ou des paysages avec le collodion : comme il faut opérer avec la glace humide et sans perdre de temps, M. Duboscq, bien connu par ses divers appareils d'optique et de précision, a inventé une espèce de petite boite qui permet de sensibiliser sa glace, de la mettre à la chambre noire, de développer l'image et la laver sans que la glace ait reçu un seul rayon de lumière, en

10

opérant en pleine campagne et sans avoir ni tente ni baraque.

La solution de proto-sulfate de fer se compose ainsi :

Eau filtrée.............................. 500 grammes.

Proto-sulfate de fer...................... 50   —

Acide acétique........................... 10   —

Acide sulfurique......................... 10 gouttes.

Plongez votre épreuve d'un seul coup dans ce bain, 10 secondes après l'image est complétement développée, lavez-la et fixez.

Presque tous les opérateurs se servent aujourd'hui d'acide pyrogallique, et en effet, comme le développement de l'image n'est pas instantané, on peut en suivre les progrès et arrêter au temps précis.

Dans un flacon mettez :

Eau distillée............................. 300 grammes.

Acide pyrogallique...................... 1   —

Acide acétique........................... 25   —

Posez votre glace sur un support à vis calantes et versez dessus, sans temps d'arrêt, de la solution ci-dessus ce qu'il faut pour la couvrir. L'image se développe progressivement ; dans l'espace de 3 à 5 minutes, elle doit être assez venue, si non, renversez le liquide dans un verre et ajoutez une égale quantité de la solution suivante que vous gardez dans un flacon pour cet usage.

Eau distillée........................... 100 grammes.

Azotate d'argent...................... 4   —

Versez alors le contenu de votre verre sur votre glace, immédiatement les parties qui avaient pris une couleur marron foncé se changent en noir intense, votre cliché prend de la puissance.

Une modification de l'emploi de l'acide pyrogallique que nous préférons sous tous les rapports est celle-ci. Nous la recommandons spécialement à nos lecteurs.

Dans un flacon versez :

Eau distillée........................... 300 grammes.

Acide pyrogallique.................... 1   —

Acide tartrique....................... 1   —

L'acide tartrique empêche la solution d'acide pyrogallique, de se décomposer. On peut la conserver pendant bien des jours sans avoir à redouter aucune espèce de décomposition.

Dans un second flacon faites dissoudre à saturation du nitrate de cuivre. Ajoutez environ 60 grammes de la solution de nitrate de cuivre à la solution d'acide pyrogallique et répandez le liquide sur votre glace ainsi qu'il est dit pour l'acide pyrogallique mélangé d'acide-acétique. Nous ferons observer qu'on ne doit faire le mélange du nitrate de cuivre qu'au moment de s'en servir, il troublerait la solution. On peut renforcer une épreuve en ajoutant une solution légère de nitrate d'argent ainsi que nous l'avons déjà dit. Nous croyons que d'ici à peu de temps on n'emploiera plus d'autre méthode pour le développement des clichés.

Après avoir jeté le liquide réducteur, lavez votre glace. Il s'agit de fixer votre épreuve , soit en la dépouillant par l'hyposulfite de soude, soit en renforçant les noirs par le deutochlorure de mercure.

Nous préférons le fixage au deuto-chlorure de mercure, mais dans de certains cas nous employons les deux. Le bichlorure fait ressortir les noirs avec intensité et vigueur , et laisse les blancs chargés d'une couche légère d'iodure d'argent qui leur rend un peu d'opacité. Cela donne alors des épreuves d'une grande douceur, d'une harmonie incomparable et n'ôte rien de la netteté de la ligne.

Le fixage à l'hyposulfite au contraire , en rongeant l'épreuve entière, mange complétement l'iodure d'argent dont les blancs étaient encore couverts et les rend tellement transparents que la relation n'est souvent plus exacte entre les blancs et les noirs , car les noirs bien qu'affaiblis n'ont pas été diminués dans la proportion exacte des blancs qui se trouvent réduits à zéro. Aussi beaucoup d'épreuves sur collodion ont-elles un peu du défaut de l'albumine et par les mêmes causes, la trop grande transparence des blancs.

Nous conseillons donc de se servir du bi-chlorure de mercure. Faites dans un flacon la solution suivante :

Eau filtrée............................ 150 grammes.

Deuto chlorure de mercure............... 12 grammes.

Couvrez-en votre épreuve. Immédiatement vous voyez les noirs devenir bien apparents, laissez environ 2 à 4 minutes, renversez le liquide, votre épreuve est fixée et ne craint plus les rayons lumineux. Lavez avec soin, et laissez sécher.

Si au contraire vous voulez employer l'hyposulfite, faites dans un flacon la solution suivante :

Eau filtrée............................. 500 grammes.

Hyposulfite............................. 60   —

Vous pouvez employer l'hyposulfite à saturation. Versez cette solution sur votre épreuve et laissez plus ou moins dépouiller suivant que vous le jugerez convenable ; l'épreuve est fixée après quinze à vingt secondes, renversez le liquide et lavez à grande eau. Dans ce cas-ci nous ne saurions trop recommander de laver beaucoup. Si l'on négligeait ce lavage, l'épreuve serait perdue, en séchant il se formerait une foule de petites cristallisations d'hyposulfite de soude. — Il faut donc laver avec soin et beaucoup. Laissez sécher alors si vous voulez la couvrir d'un vernis qui puisse préserver complétement votre couche de collodion des petits accidents qui pourraient l'attaquer, si vous voulez seulement vous servir d'une dissolution de gomme arabique, versez de suite dessus la solution de gomme suivante et laissez sécher la glace appuyée sur un angle, ce qui facilite l'écoulement de la solution gommée :

Eau filtrée.............................. 400 grammes.

Gomme arabique........................ 6 à 8 gr.

Votre épreuve ainsi bien séchée est prête à donner des positives.

CHAPITRE V.

ÉPREUVES POSITIVES.

ÉPREUVES DIRECTES SUR COLLODION.

Le procédé pour avoir une épreuve directe sur collodion est le même que celui suivi pour obtenir une épreuve négative : il faut seulement laisser la glace collodionnée exposée moins longtemps à la radiation lumineuse. On ne doit poser que le quart ou le tiers du temps nécessaire pour un négatif. L'épreuve obtenue de la sorte est très-promptement faite et peut être livrée séance tenante ; la pose est bien

moins longue que celle nécessaire pour la plaque daguerrienne.

Cette épreuve directe joint à toute la finesse de la plaque
d'argent, une douceur plus grande, et ne miroite pas comme
elle. Ces épreuves réunissent à une bien grande harmonie
dans les tons, un moelleux particulier qui laisse toute la
netteté possible au trait sans lui communiquer la moindre
sécheresse.

Dans ce cas-ci nous préférons pour faire apparaître l'i-
mage le bain de proto-sulfate de fer : et cela se conçoit; ici
nous ne craignons pas d'avoir des images trop venues, ni
des blancs trop emportés.

Aussitôt après avoir retiré la glace de la chambre noire,
plongez-la dans le bain de proto-sulfate de fer, au bout de
cinq à dix secondes l'épreuve est assez développée, lavez-la,
puis versez dessus :

Eau distillée............................. 100 grammes.
Cyanure de potassium................... 10   —

La glace aussitôt débarrassée de la couche d'iodure jaune
d'argent, et bien transparente dans les ombres, on la lave
à grande eau, puis on répand à sa surface la solution suivante :

Eau distillée............................ 300 grammes.
Deuto-chlorure de mercure.............. 15   —
Acide chlorhydrique.................... 4   —

L'image paraît de suite prendre de la vigueur, c'est-à-dire redevenir négative, mais au bout de quelques minutes elle se grise et devient ensuite du plus beau blanc mat que l'on puisse désirer. Renversez le liquide et lavez à grande eau, et avec beaucoup de soin. Puis laissez sécher.

Cette méthode est celle suivie par plusieurs opérateurs habiles, mais nous devons faire remarquer que nous préférons ne pas l'employer. L'épreuve étant seulement passée au cyanure est, à nos yeux, assez blanche, les parties qui doivent donner les noirs sont assez dépouillées et transparentes pour n'avoir nullement besoin de subir l'action du deuto-chlorure de mercure; aussi nous ne nous en servons jamais. Nous avons cru cependant ne pas pouvoir nous dispenser de la donner.

On place derrière l'épreuve soit un morceau de drap noir, de papier noir mat, ou de velours. — Nous préférons cependant enduire la glace, soit sur la couche de collodion, soit le côté de la glace opposé, d'un vernis noir quelconque. Il est préférable de peindre sur le verre afin que le collodion se trouve à l'extérieur. Les blancs sont plus intenses, mais il faut de suite mettre la glace dans un passe-partout. Dans ce cas-ci, un beau verre est encore plus indispensable, peut-être qu'en aucune circonstance; aussi nous recommanderons vivement de prendre dans la maison Romieu ce genre de passe partout qu'elle fabrique d'une façon toute particulière et bien entendue.

On a alors une image positive dont les demi-teintes bien fondues, les ombres vigoureuses et les détails sont de beaucoup supérieurs à ce qu'on peut obtenir sur plaque d'argent.

On peut obtenir avec netteté des scènes animées, une foire, avec tous les personnages, une rue etc., etc. Le temps de pose par un beau jour n'est que ce qu'il faut pour pouvoir ôter et remettre l'obturateur sur le tube de l'objectif. — On peut presque dire qu'on obtient le mouvement.

CHAPITRE VI.

DES ÉPREUVES SUR TOILE CIRÉE.

Dans le commerce on appelle épreuves directes sur toile, des clichés positifs reportés sur toile cirée.

Ces épreuves, alors que le cliché est bien fait, sont très-belles, la toile cirée donne des noirs excessivement remarquables par leur intensité, son brillant couvert de la couche presque inappréciable du collodion, lui retire son brillanté sans paraître attaquer son beau noir.

Ce genre de photographie ressemble et se fait exactement comme le précédent ; seulement lorsque l'épreuve est fixée et bien lavée, on doit la laisser tremper dans l'eau afin de faciliter l'enlèvement du collodion.

On coupe alors un carré de toile cirée un peu plus petit

que la couche de collodion : on l'applique dessus, en ayant soin de chasser les bulles d'air. Lorsqu'on s'est assuré de sa parfaite adhérence à la couche de collodion, ce qui est facile en relevant sa glace et regardant à l'envers; c'est-à-dire à travers la glace, s'il ne reste pas quelques petites bulles d'air qu'il faudrait, dans ce cas, se hâter de faire partir en pressant la toile au moyen d'un petit rouleau, légèrement élastique : lorsque l'adhérence est positive, on le rapproche de chaque côté, en ramenant le collodion sur les bords de la toile, puis on essaye de le relever pardessus. Quand le collodion est bien relevé de tous les côtés, on saisit entre le pouce et l'index un angle de la toile en ayant bien soin de prendre également la couche de collodion ; levez alors la main doucement, et le collodion s'enlèvera avec la toile. Laissez ensuite sécher l'épreuve, soit à l'air libre, soit en posant la toile, le collodion en dessus, sur une feuille de verre, puis promenez dessous une lampe à alcool, en quelques minutes le collodion est sec et tellement adhérant à la toile qu'il est impossible de l'en détacher. Vous pouvez frotter cette épreuve, sans courir le risque d'altérer en rien la couche de collodion, nous dirons même plus, nous engageons vivement à frotter l'épreuve avec un tampon de drap afin de lui donner du brillant, et de rendre les noirs plus transparents et plus vifs si c'est posssible. Une épreuve ainsi faite peut être mise dans un portefeuille, dans la poche et être continuellement touchée sans se détériorer aucunement.

Certains collodions se détachent plus ou moins facilement et offrent ainsi des difficultés plus ou moins grandes. Le collodion que vend la maison Wittman [et Poulenc jeune, nous a toujours parfaitement réussi dans ce genre d'épreuve. Un collodion bien fait, dont la texture est résistante, doit toujours pouvoir se transporter avec assez de facilité. Ainsi que nous l'avons déjà dit, la pureté des produits chimiques est la condition indispensable d'une réussite certaine ; aussi ne saurions-nous trop recommander de ne s'adresser qu'à une maison dont l'honorabilité soit bien connue. Depuis longtemps déja nos produits chimiques viennent de la maison Wittman et Poulenc jeune, et nous avons été à même de constater leur pureté.

On peut faire, et cela est préférable sous tous les rapports, un collodion spécial pour faire les épreuves que l'on doit transporter sur toile.

Le collodion, dont voici la formule, réunit les conditions voulues pour être transporté.

Dans un flacon de cent vingt grammes environ mettez :

Iodure d'ammoniaque.............. 1   gramme.]
Iodure de potassium................ 0,20 c.
Fluorure de potassium .... 0,01 c.
Eau distillée .... 10 gouttes.

faites dissoudre les sels, puis remplissez le flacon de collodion simple suffisamment fluide.

Ce procédé est tellement simple, facile, qu'en voyant annoncée une manière de faire des épreuves sur toile moyennant un prix assez élevé, on ne peut croire que ce soit le même. Ce que nous pouvons affirmer, c'est qu'en suivant ce que nous venons de dire, on aura aussi facilement que possible, des épreuves sur toile. Nous ne connaissons pas la manière exacte employée par une certaine maison de commerce pour faire ce genre d'épreuve, mais le procédé que nous venons de décrire est employé par nous très-souvent et toujours avec un égal succès. Nous pouvons garantir sa réussite complète.

Il est parfaitement inutile de mettre sur son collodion une couche de gomme arabique avant de poser la toile cirée dessus, cependant cela ne peut pas nuire, mais n'est d'aucune utilité.

CHAPITRE VII.

DU TIRAGE DES ÉPREUVES POSITIVES.

On ne s'est pas assez préoccupé de cette partie de la photographie ; elle paraît tellement simple, facile, que chaque opérateur croit savoir la bien faire. C'est à notre avis; une partie difficile, et d'autant plus difficile que souvent ses défauts ne peuvent être appréciés dans le moment.

Indépendamment d'un bon tirage, chose difficile, il y a encore le virage et le fixage, chose capitale, dont on ne peut apprécier la valeur que plusieurs mois après.

Les moyens que nous allons donner, sont bons, employés par des mains habiles et des opérateurs ayant l'œil habitué à saisir les légères nuances qui font reconnaître assez exactement ce que vaut le fixage.

Nous donnerons ces détails avec beaucoup de soin, ne craignant pas de redire deux fois les choses les plus essentielles.

Nous n'osons encore donner et recommander exclusivement les nouveaux sels, les formiates, dont nous nous servons depuis quelque temps avec succès : nous craignons que le temps ne vienne pas confirmer nos espérances sur ces sels. Dans le fixage d'un positif il faut qu'une année, au moins, ait passé dessus pour se prononcer positivement, et nos essais ne datent que d'un mois environ. Cependant, nous engageons vivement *les chercheurs* à essayer de ce mode, le résultat dans le moment est très-beau, et nous croyons que l'avenir ne manquera pas de confirmer notre espoir.

Deux modes de tirages bien distincts sont employés ; l'un, celui dont on se sert le plus ordinairement, en employant les chlorures à la préparation du papier : on ne se sert que de ce procédé pour l'épreuve positive d'un portrait, d'un groupe.

L'autre moyen est plus employé pour les vues qui sont dans le commerce : alors qu'il s'agit de tirer de suite un grand nombre d'épreuves d'un même cliché, et cela, quel que soit le temps.

Nous allons décrire les deux méthodes, chacune d'elle possède des avantages réels. Nous croyons qu'elles sont employées d'une manière rationnelle ; que les portraits doivent être tirés sur un papier chloruré et les vues sur des papiers iodurés.

Les épreuves tirées sur papier chloruré, ont un moelleux, une harmonie que ne peuvent que très-difficilement atteindre les papiers iodurés.

De plus la coloration, chose importante surtout pour un portrait, est facile, et peut être beaucoup modifiée en suivant des échelles de tons bien gradués qui permettent de donner les nuances qui conviennent le mieux au sujet, suivant le goût et le sentiment de l'artiste. Ces nuances dans la couleur favorisent essentiellement le dessin et permettent des oppositions de lumière qui, quoique donnant une vigueur excessive au portrait, lui communiquent une harmonie et une douceur que la peinture à l'huile peut seule donner dans les œuvres du maître.

La sécheresse et la dureté de l'inflexibilité de la ligne matérielle rendue par l'objectif se trouvent fondues par une nuance douce, qui rappelle en quelque sorte la couleur de l'objet, et lui donne l'effet, le tournant que l'œil embrasse dans le modèle.

Puis un avantage inappréciable est la possibilité de modifier par un tour de main habile, soit une partie du fond, soit un objet dont on veut faire un repoussoir, soit d'obtenir des blancs plus intenses pour faire valoir à volonté une partie de l'image :

De pouvoir refaire entièrement ses fonds, de les graduer, de les unir, en un mot, d'en faire presque ce que l'on désire. Ces avantages pour les portraits sont tellement grands que personne ne se sert de l'autre méthode pour cet usage.

Si tout l'avantage est au papier chloruré pour les portraits ou groupes, il est tout entier au papier ioduré pour les vues.

En effet, les vues sont choses de commerce, il faut donc pouvoir livrer à bon marché, faire vite, et toujours exactement pareil. Le papier ioduré permet de réunir ces diverses conditions.

Le tirage d'une épreuve par papier ioduré peut se faire à bon marché, non que les substances employées coûtent moins cher, ou qu'on en emploie moins. C'est le conraire qui a lieu. Mais le temps est réduit à la dixième partie. C'est-à-dire que s'il faut à un opérateur une journée pour tirer et faire vingt épreuves sur papier chloruré, sur papier ioduré, ce même opérateur pourra en tirer cent : et si c'est en hiver par un ciel brumeux, il sera souvent impossible de tirer plus de deux épreuves sur papier chloruré, tandis qu'il lui sera facile d'en faire soixante sur papier ioduré.

Avec le papier ioduré on obtient toujours des teintes noires qui conviennent parfaitement aux monuments et aux paysages, sans craindre d'avoir trop de positivisme dans les lignes.

§ 1.

PRÉPARATION DU PAPIER POSITIF.

Prenez de préférence du papier un peu fort, bien collé, bien uni, n'ayant aucun à-jour ni taches de fer quelconques dans sa trame. Le papier de Saxe donne de très-bonnes épreuves, et il a l'avantage de pouvoir presque remplacer le papier albuminé, dont nous parlerons plus loin.

La maison Marion, prépare des papiers positifs que nous ne saurions trop louer. Aussi chaque photographe se dispense-t-il maintenant de préparer sés papiers au chlorure de sodium, ou à l'hydriodate d'ammoniaque, puisqu'il est assuré de les trouver aussi bien faits, si ce n'est mieux, qu'il n'eût pu le faire.

Depuis peu de temps, M. Marion, prépare un nouveau papier positif, fort, bien corsé, ayant le grain uni, qui remplace parfaitement le papier de Saxe; puisque c'était ces qualités que l'on recherchait dans ce dernier et non son prix très-élevé. M. Marion, a parfaitement compris que mettre son papier à un prix peu élevé était s'assurer une vente considérable, aussi nous dirons seulement que pour le prix d'une main de papier de Saxe non préparé, on en peut avoir presque deux de papier salé albuminé et que ce papier a les qualités du papier de Saxe.

Nous allons donner la manière de préparer le papier positif chloruré, bien que nous engagions vivement à l'acheter tout chloruré ainsi que nous venons de le dire. Nous sommes certains qu'une fois qu'on aura acheté son papier ayant subi la première préparation au chlorure de sodium ou au chlorhydrate d'ammoniaque, jamais on ne songera à le préparer soi-même.

Ayant choisi du papier réunissant les conditions voulues, coupez-le de la grandeur de vos clichés en ayant soin de le laisser d'un centimètre plus large de chaque côté.

Prenez vos feuilles et assurez-vous de leur envers en les regardant à un jour légèrement frisant. L'envers du papier, est le côté où la pâte a porté sur la toile métallique, est visible et appréciable, très-facilement à l'œil. En le regardant dans le jour, on aperçoit une foule de petits carrés réguliers, c'est le dessin du tissu de la toile métallique. Marquez d'une petite croix l'envers de chaque feuille de papier.

Faites dissoudre :

Chlorure de sodium................... 10 grammes.

Eau distillée.......................... 250   —

Ou, si vous le préférez :

Chlorhydrate d'ammoniaque............ 10 grammes.

Eau distillée.......................... 250   —

Nous employons indistinctement ces deux sels, cependant si on veut obtenir des tons sépias, il est peut-être préférable d'employer le sel d'ammoniaque.

Nous ne pouvons passer sous silence l'emploi de l'albumine pour les épreuves positives : nous engageons nos lecteurs à toujours s'en servir.

L'albumine introduite dans le papier positif est une innovation des plus heureuses, des plus intelligentes.

L'albumine, en imprégnant les pores du papier, lui donne une finesse excessive, ce qui communique au dessin une netteté remarquable. Les détails dans les noirs sont bien apparents, et ils acquièrent une intensité telle, qu'il semble que plusieurs tons se soient ajoutés à la gamme régulière.

Voici la manière de préparer le papier albuminé.

Prenez des blancs d'œufs dont vous avez ôté avec soin les germes ou toute parcelle de jaune ; battez-les en neige jusqu'à ce qu'il ne reste plus de liquide ; laissez reposer dix heures et décantez le liquide qui se trouve dessous.

Faites dissoudre :

Chlorhydrate d'ammoniaque............ 10 grammes.

Ou chlorure de sodium :

Eau distillée...................... 125   —

Lorsque le sel est dissous, ajoutez :

Albumine.......................... 125   —

Agitez légèrement le mélange.

Vous pouvez, suivant que vous le jugez convenable, diminuer ou augmenter la dose d'albumine, et alors vous obtiendrez un papier plus ou moins satiné. Nous engageons pour le portrait à ne pas mettre trop d'albumine. Si un certain brillant est favorable, il faut éviter le miroitage qui est si désagréable dans les plaques de doublé, mais que l'albumine ne peut cependant jamais atteindre.

Versez le liquide que vous venez de préparer suivant une de ces trois formules dans une capsule de Gutta-Percha, ou de porcelaine.

Étendez à sa surface une feuille de papier coupée, ainsi que nous l'avons dit plus haut, le côté marqué d'une croix en dessus.

Pour poser son papier sur le liquide, sans avoir de bulles d'air, il faut saisir le papier par les deux angles opposés, puis rapprochant les deux mains, appuyer le milieu de la feuille sur la solution et abaisser l'une après l'autre les mains en chassant devant soi le liquide.

Lorsqu'on emploie la solution albumineuse, il est difficile d'empêcher les bulles d'air de se former, il faut donc y regarder avec soin et les chasser; dans le plus grand nombre de cas, on est obligé d'avoir recours à un petit poinçon en ivoire pour les percer. Il faut bien se pénétrer de la nécessité que pas une seule bulle ne reste entre le papier et l'albuminé; une tache ou du moins le papier n'étant pas rendu sensible à l'action lumineuse, il s'en suivrait un point plus ou moins grand où le papier resterait blanc, sans recevoir d'image, ce qui ferait tache dans le positif.

Laissez votre feuille de papier quatre minutes environ sur le bain de sel, enlevez-la, et épongez-la dans du papier buvard où vous aurez soin de la presser légèrement en passant les mains dessus pour emporter l'excès d'humidité : puis laissez-la entre deux autres feuilles de buvard pendant environ un quart d'heure au moins, afin que toute trace d'humidité soit bien disparue.

Vous pouvez conserver votre papier ainsi préparé indéfiniment. — Lorsqu'on se sert de la préparation avec albumine, il est bon de l'employer jusqu'à épuisement, car il faudrait jeter ce qu'on n'aurait pas employé, l'albumine ne pouvant se conserver plus de vingt-quatre heures.

On peut aussi, et cela sans inconvénient, plonger entièrement son papier dans la solution, il faut le traiter de même pour le temps et l'assèchement.

Lorsque le papier n'accuse plus de traces d'humidité aucune, posez-le sur le bain suivant, en observant ce que nous avons dit sur la manière de l'étendre et en évitant les bulles d'air.

Ici, il est essentiel de ne pas le plonger, mais de l'étendre seulement à la surface de la solution.

Eau distillée......................... 250 grammes.

Azotate d'argent...................... 36   —

Chaque feuille de papier doit rester sur ce bain cinq minutes environ, le côté marqué d'une croix en regard de l'opérateur, afin que le côté qui a été en contact avec le chlorure soit aussi en contact avec l'azotate.

Dans les deux cas, il est important d'éviter qu'une partie du liquide ne vienne toucher au dos de la feuille, cela donnerait une sensibilité plus grande à cet endroit du papier, d'où une tache dans l'épreuve positive.

Toutes les opérations où l'on emploie le nitrate d'argent doivent toujours être faites dans l'obscurité la plus complète avec la lumière d'une bougie seulement. Nous avons cru inutile de le répéter chaque fois.

Saisissez la feuille de papier par un angle, alors qu'elle a séjourné sur le bain le temps nécessaire, puis suspendez-la par cet angle à une épingle que vous avez disposée à cet effet

Sur le bord d'une planche de notre laboratoire, nous avons disposé une bande de liége, qui nous permet d'enfoncer facilement l'épingle traversant l'angle de notre feuille de papier. Nous engageons vivement à faire de même, cette méthode est bien préférable à celle indiquée souvent, engageant à tordre les épingles en S.

Ce papier doit être conservé à l'abri de la lumière entre des feuilles de buvard, dans un portefeuille destiné à cet usage spécial.

Au bout de trois jours en été, bien qu'il ait été préservé autant que possible de la lumière, il jaunit et perd de sa sensibilité. On ne doit donc en préparer que la quantité qu'on peut employer le lendemain ou le jour suivant.

Quand vous voulez tirer une épreuve, prenez votre cliché, qu'il soit sur papier, albumine ou collodion, peu importe, mettez-le dans votre châssis, l'image de votre côté, et appliquez dessus une feuille de papier positif le côté marqué d'une croix vous regardant, de telle sorte que celui ayant été en contact avec les deux solutions, touche le côté sur lequel l'épreuve est gravée sur le cliché.

Remettez dessus la planchette, puis serrez les vis de manière à bien presser. Exposez au soleil ou à la lumière diffuse.

Ce que nous venons de dire s'applique aux châssis positifs inventés par M. de Brébisson. Ils sont aujourd'hui tellement répandus qu'il n'est pas nécessaire d'en recommander l'usage ; avec eux on peut suivre les progrès de la venue de l'image sans courir le risque de déplacer le type.

Nous recommandons particulièrement le châssis de M. de

Brébisson, avec cette modification alors qu'on se sert d'un grand châssis de faire faire trois parties au lieu de deux à la planchette destinée à appuyer le papier sur le cliché. M. Schiertz ébéniste, dont nous avons déjà eu occasion de parler, en construit de cette façon que nous employons chaque jour ; c'est une légère modification qui réunit de nombreux avantages.

De temps à autre apportez votre châssis dans le laboratoire, ouvrez-le alors et regardez l'image. Il faut avoir soin de laisser venir l'épreuve beaucoup plus que cela ne conviendrait dans le moment, afin que le fixage qui lui enlève de sa force, la laisse au point juste que l'on désire. Ceci est une affaire d'habitude que donneront facilement huit ou dix jours de travail.

Ayant retiré votre épreuve positive, plongez-la dans une capsule contenant de l'eau de pluie, ou même de l'eau filtrée : après avoir bien fait adhérer l'eau à sa surface et l'y avoir laissée trois ou quatre minutes :

Plongez-la dans la solution suivante :

Eau filtrée........................... 1,000 grammes.

Sel d'or (Fordos et Gélis)............ 1 —

Acide chlorhydrique.................. 25 gouttes.

Laissez-la dans ce bain dix minutes ou un quart d'heure, et plus, suivant le ton que vous voulez donner à votre épreuve.

Au sortir de ce bain, mettez-la dans la solution suivante :

Eau filtrée.......................... 250 grammes.

Hyposulfite de soude................. 35   —

Il faut laisser l'épreuve au moins douze à quinze minutes dans ce bain, plus, si vous le jugez convenable. Ce temps expiré, mettez l'épreuve dans l'eau en ayant soin de la laver, et de la changer plusieurs fois. Il faut que l'épreuve positive reste au moins quatre heures dans ce bain dont l'eau doit être changée au moins quatre fois. Il vaudrait mieux, si cela était possible, faire renouveler l'eau continuellement.

Nous devons faire observer qu'il est important que l'hyposulfite soit neuf, c'est-à-dire qu'il n'ait jamais servi. Il faudra donc chaque jour faire un bain nouveau d'hyposulfite et ne pas y plonger plus de vingt-cinq à trente épreuves environ.

Les vieux bains d'hyposulfite chargés de chlorure d'argent ne fixent plus les épreuves. Il est bien vrai, par exemple, qu'ils leur donnent des tons noirs, mais qui ne durent pas, exposés à l'action de la lumière, même diffuse.

Tous les bains où l'on mélange divers acides à l'hyposulfite ont le même inconvénient. Nous les excluons donc positivement, expressément.

Nous disons donc, contrairement à l'avis émis par M. Legray, dans les diverses brochures qu'il a publiées, plus le bain d'hyposulfite est vieux, et par conséquent chargé d'argent, *moins bon il est*.

L'acide chlorhydrique introduit dans le premier bain que doit subir l'épreuve paraît perdre ses propriétés destructives et rongeantes par la présence du sel d'or et n'agir que su la coloration de l'argent réduit par l'action lumineuse.

Ce mode de fixage nous a parfaitement réussi depuis deux années; nos épreuves n'ont pas bougé à l'air et les tons noirs bien prononcés se sont conservés sans altération.

Voici une autre méthode qui nous a donné également de bons résultats, nous les employons indifféremment :

Après avoir retiré votre épreuve du châssis et l'avoir lavée dans l'eau comme il est dit ci-dessus, plongez-la dans le bain suivant :

Eau filtrée............................ 500 grammes.
Hyposulfite de soude.................. 50 —
Chlorure d'argent nouvellement précipité.   1 —

Ce bain n'a pas besoin d'être renouvelé souvent, nous engageons seulement à y ajouter tous les huit jours, environ une nouvelle solution d'hyposulfite de soude dont on aura porté le poids à 12 pour 0/0 et bien entendu n'y jamais remettre de chlorure d'argent. Au contraire il faudra de temps en temps décanter ce bain et retirer le gallate noir d'argent qui s'est déposé au fond.

Laissez votre épreuve de 15 à 30 minutes dans ce bain suivant qu'elle est plus ou moins vigoureuse, et le ton que vous voulez obtenir.

Dans une autre capsule faites dissoudre dans :

Eau distillée .... 800 grammes.

Chlorure d'or solide.................   1 —

Hyposulfite de soude.................   4 —

Plongez votre épreuve positive dans ce bain et l'y laissez le temps que vous jugerez convenable à sa coloration.

Dans ce bain elle passera rapidement à la gamme la plus élevée qu'il soit possible d'atteindre, les noirs verts. — Ces tons, alors que le bain est neuf, sont atteints promptement, mais lorsque le bain s'appauvrit il faut quelquefois une heure et même deux.

Il est important de lui donner de temps à autre un peu d'énergie en ajoutant une petite quantité, d'une solution concentrée de chlorure d'or, sans remettre d'hyposulfite ; au bout de quelque temps de service il faudra faire un bain neuf et alors on peut ajouter celui-ci au bain précédemment décrit d'hyposulfite.

Par ces deux méthodes simples et pratiques nous avons des épreuves remontant à deux années et dont les teintes ne se sont ni effacées, ni rongées, elles n'ont pas non plus tourné au jaune sale pour s'effacer ensuite : elles sont ce qu'elles étaient en sortant des lavages.

Lorsqu'une épreuve positive est faible, ou lorsque vous voulez lui imprimer un certain cachet de vigueur au lieu de a laisser sécher, au sortir des lavages, à l'air libre ou dans du papier buvard, séchez-la promptement en l'exposant devant un feu vif et ardent. Séchée de la sorte elle prend des vigueurs qu'elle n'aurait pu obtenir autrement. Les noirs deviennent plus forts, plus positifs dans leurs nuances. Nous recommandons cette petite observation, bien sûr, qu'une fois qu'on s'en sera servi, on continuera dans la plupart des cas.

Nous ne nous étendrons pas longuement sur la coloration des épreuves positives, pour nous la durée de l'épreuve est la chose indispensable, celle que l'on doit obtenir pour ne s'occuper des autres que subsidiairement.

Nous ferons observer seulement, que l'hyposulfite que nous conseillons d'employer mord assez énergiquement l'épreuve et qu'il faut lui donner les tons noirs par d'autres substances. L'échelle de tons dans les deux méthodes que nous avons décrites est plus vaste que celles par lesquelles passent les épreuves par le procédé donné par divers photographes et notamment par M. Legray; indépendamment de leur fixité remarquable et inaltérable, nous pouvons le dire, quand les bains sont bien employés. Cependant à ces bains d'hyposulfite et sans nuire à la fixité des épreuves on peut ajouter, 1° de l'ammoniaque qui rend le bain alcalin et donne un résultat diamétralement opposé à celui qu'on obtient avec les bains acidulés que nous prescrivons formellement; avec de l'ammoniaque l'épreuve prend des tons chauds rouge brun, sépia romaine. — Cette nuance dans bien des cas est fort agréable.

2° Avec de l'acétate de plomb dans le bain d'hyposulfite on obtient des tons rouges violacés très-remarquables.

3° Dans un bain ainsi composé on obtiendra des épreuves d'un brun jaune bien franc, jaune d'or rouge, presque couleur cuivre rouge :

Eau filtrée .... 300 grammes.
Hyposulfite à saturation.................
Chlorure d'or solide....................   1   —

Dans ce bain l'épreuve prend de suite cette couleur. Par ces divers procédés, en en usant avec discernement on peut obtenir toutes les nuances et sans crainte de voir s'effacer au bout de quelques mois l'image, ainsi que cela a lieu en se servant soit des bains vieux d'hyposulfite, c'est-à-dire tenant en suspension du chlorure d'argent, ou des bains acidulés qui forment un précipité sulfureux, dont l'action continue mange totalement l'épreuve.

Des fonds de portraits à teintes dégradées.

La plupart des photographes ont fait et font encore aujour-
d'hui mystère de certains moyens employés pour obtenir
des fonds dont la couleur se dégradant favorise singulière-
ment un portrait en jetant autour de la tête une teinte affai-
blie dans laquelle elle paraît comme dans une auréole .

C'est du reste ce que font les peintres lorsqu'ils peignent
un portrait à l'huile.

Ces fonds peuvent être suivant le goût et la volonté de
l'opérateur ou gradués, ou de teinte uniforme.

Voici le moyen employé pour obtenir ces résultats. Tirez
d'abord une épreuve de votre cliché, et avec la pointe d'un ca-
nif, découpez sur une feuille de verre, cette épreuve du portrait
en suivant très-exactement tous les contours de la tête, du
corps, des vêtements, etc. On peut également, si on le préfère,
se servir de petits ciseaux à découper, il faut alors tenir son
portrait de l'autre main. Peu importe le moyen, pourvu que le
résultat soit le même, c'est-à-dire qu'on puisse séparer entièrement le personnage du fond et obtenir ainsi deux patrons,

dont l'un recouvre le portrait, et l'autre le fond du cliché. On ajuste avec soin le fond découpé sur celui du négatif en le collant par un ou deux des côtés, puis on tire une épreuve positive dont le fond étant garanti de l'action de la lumière, restera blanc.

Sur l'épreuve que l'on vient d'obtenir ainsi, on applique l'autre patron qui lui est destiné, et on le maintient soit avec une glace, soit en le remettant dans le châssis que l'on expose à la lumière; le papier noircira alors partout également, c'est-à-dire que l'on aura un fond noir uni. Mais si, au contraire, on recouvre le tout d'un écran noirci, que l'on fait glisser doucement ou mieux par un mouvement de va-et-vient continu, de façon à n'exposer à l'action des rayons du soleil que les parties que l'on veut obtenir noires, les portions garanties de la lumière ne se teinteront pas. Le résultat sera un fond parfaitement dégradé dû au mouvement imprimé à l'écran qui a laissé le bas du fond du portrait exposé pendant tout le temps à la lumière. S'agit-il de former une espèce d'auréole au portrait dont les teintes dégradées viennent de la circonférence vers le centre, on agite son écran de manière à avoir toujours la tête cachée et les bords du papier presque toujours exposés à la lumière. On peut donc de la sorte modifier entièrement ses fonds et même le ciel d'un paysage.

Lorsqu'on a fait poser avec un fond bien blanc derrière le

modèle, il est avantageux de ne pas conserver par la découpure le fond du portrait, mais seulement d'appliquer dessus
la silhouette destinée à garantir le personnage et de graduer le
fond. On obtiendra de la sorte beaucoup moins de dureté
dans les lignes qui font souvent un mauvais effet dans les
portraits dont les fonds sont garantis par la découpure.

Bien que nous n'approuvions pas, en général tout ce qui,
de près ou de loin, ressemble à une retouche dans les œuvres photographiques, nous avons cru faire plaisir à nos lecteurs en leur donnant ce moyen, qui peut leur être utile, surtout à ceux qui travaillent pour un public dont il n'est souvent pas facile de diriger le goût vers le beau.

Des épreuves positives sur glaces pour stéréoscope et bioscope.

Depuis quelque temps déjà on vend dans le commerce un petit instrument ayant deux bonnettes munies d'un oculaire et qui permettent de voir deux images superposées et des reliefs comme la nature peut les donner.

M. Duboscq est le créateur de ce genre d'épreuves positives; et cela ne doit pas surprendre puisqu'il est breveté pour une modification du stéréoscope.

Pour faire ces images transparentes, prenez une glace que vous nettoyez et préparez ainsi que nous l'avons dit au chapitre traitant de l'albumine, étendez comme nous l'avons indiqué, la solution suivante :

Albumine................................... 150 grammes.

Eau distillée............................... 25   —

Chlorure de sodium...................... 18   —

ou chlorhydrate d'ammoniaque.

Vous avez, avant d'ajouter l'albumine, fait dissoudre le sel dans l'eau distillée.

Laissez sécher à l'air en évitant avec soin toute espèce de poussière.

Puis portez votre glace dans le bain de nitrate dont nous avons donné la composition pour le papier positif, la face albuminée au-dessous en évitant les temps d'arrêt, absolument comme nous l'avons indiqué au chapitre de l'albumine, laissez-la dans la capsule jusqu'à ce que l'albumine soit devenue d'un bleu blanc opalin ; lavez dans l'eau distillée et faites-la sécher à l'abri de la poussière. Elle est alors prête à servir comme une feuille de papier positif : elle ne peut se garder longtemps. Les opérations sont les mêmes exactement que celles par le papier positif. Nous ne les répéterons pas.

Papier positif ioduré.

Ainsi que nous l'avons déjà dit, ce mode de tirage est surtout employé pour les vues et les paysages qui sont dans le commerce.

Le manque de lumière l'hiver a fait imaginer d'avoir recours au papier négatif dont on modifierait légèrement la solution sensibilisatrice. Ce commerce y trouve la possibilité de se procurer des épreuves à toutes les époques de l'année et en grand nombre, puisqu'il n'a besoin que de quelques secondes d'exposition à la lumière diffuse quand même il ferait un temps tout à fait brumeux.

Nous avons donné la formule pour sensibiliser un papier négatif qui convient fort bien à ce genre de tirage. Le procédé que nous avons recommandé donne des résultats satisfaisants sous tous les rapports pour ce genre d'épreuves positives.

Néanmoins, on peut se servir d'une formule plus simple et d'un usage plus facile par sa composition. C'est celle que la plupart des opérateurs, travaillant pour le commerce, emploient.

Faites dissoudre dans :

Eau distillée........................ 250 grammes.
Iodure de potassium.................... 15   —

Filtrez la solution et posez votre papier dessus. Au bout de quatre minutes retirez-le et laissez-le sécher en le suspendant par un angle à une épingle.

Lorsqu'il est sec, placez la même face en contact avec le bain suivant :

Eau distillée........................ 250 grammes.
Azotate d'argent...................... 25   —
Acide acétique........................ 12   —

Laissez votre papier environ quatre minutes sur ce bain, faites égoutter et séchez au papier buvard. On ne peut conserver ce papier plus de temps que le papier au chlorure, c'est-à-dire deux jours.

Mettez alors ce papier sur votre cliché et exposez-le quelques secondes à la lumière diffuse, puis faites apparaître l'image à l'acide gallique ainsi que nous l'avons indiqué pour le papier négatif. On arrête l'opération quand on juge l'épreuve assez venue en la plongeant dans l'eau. Le reste de l'opération est le même que pour l'épreuve négative sur papier.

CHAPITRE VIII.

DES ÉPREUVES DE GRANDEUR NATURELLE.

Depuis quelques mois nous voyons exposées des épreuves photographiques de grandeur naturelle, ou de demi-nature.

Comme il pourrait se trouver parmi nos lecteurs des personnes désirant faire ce genre d'épreuves, nous allons donner le moyen de les obtenir ; bien qu'à notre avis ces épreuves soient au moins médiocres et sans valeur aucune comme art, même les meilleures, parmi celles qui sont exposées.

Il y a un brevet pris par les industriels qui l'exploitent ; nous ne savons comment ils opèrent, mais voici une manière qui nous a donné des résultats aussi satisfaisants que possible. Elle n'a rien de bien remarquable par sa nouveauté puisqu'il ne s'agit tout bonnement que de la projection d'une image sur un écran , les rayons lumineux passant à travers un objectif ou loupe achromatisée se trouvent grossis et projetés sur un écran qui, dans ce cas-ci est un papier positif. N'ayant fait que des essais, nous n'avons pas voulu faire construire d'appareils pour cet usage exclusif : voici ce que nous avons fait. Il sera facile d'après cela de faire construire un instrument pour cet usage.

Nous avons pris une chambre noire à vue ayant 50 c. sur 35 c. environ et dont le tirage est de 80 centimètres. — Nous avons mis un objectif double système allemand de trente-six lignes de diamètre, — devant cet objectif nous avons ajusté et appuyé sur la partie de bois portant l'objectif de notre grande chambre, une seconde chambre noire plaque normale, la partie portant le châssis placée en avant de l'objectif tandis que le devant de la chambre noire se trouve envelopper l'objectif monté sur la grande chambre à vue. Nous avons placé un cliché dans le châssis de la chambre noire plaque normale, puis nous avons mis au point exactement, — avec beaucoup de soin — en nous servant d'une loupe, le châssis portant la glace dépolie de la grande chambre noire. Ceci fait, nous avons substitué un châssis à la glace dépolie. Ce châssis portait une feuille de papier positif chloruré, — on peut la mettre entre deux glaces comme le papier ciré, en retirant le châssis, après avoir baissé la planchette on s'assure de la venue de l'épreuve, quand on la juge assez venue on la retire et on la fixe comme les autres épreuves sur papier positif. — On peut également se servir pour ce tirage du papier ioduré et faire apparaître à l'acide gallique.

Comme on le voit, ces épreuves qui, de prime abord, paraissent étonnantes comme produit, n'ont rien que de très-vulgaire et de très-connu. — C'est tout bonnement la projection d'une image grossie ou diminuée suivant les différences qui existent entre l'éloignement de l'image de l'objectif et la distance différente de la reproduction, les différents rayons de l'objet traversant un appareil amplifiant.

Quoique ces faits soient très-connus et que chaque soir nous puissions en voir les phénomènes reproduits dans les cours de physique et de chimie, cependant au premier abord notre esprit est étonné, surpris, de voir des portraits photographiques de grandeur naturelle; et tellement étonné que souvent nous ne cherchons plus à nous expliquer ce phénomène. Nous avons pensé être agréables et utiles à quelques-uns de nos lecteurs en le donnant aussi simplement que possible. Puis, nous avions pris l'engagement de ne rien garder par devers nous de tous les prétendus secrets photographiques dont se servent une foule d'industriels cherchant à exploiter la confiante bonne foi des commençants.

CHAPITRE IX.

DE L'ORGANISATION D'UN LABORATOIRE DE PHOTOGRAPHIE.

La bonne disposition d'un laboratoire est, à notre avis, une des conditions premières pour opérer avec succès. Quelque futiles que puissent paraitre les observations que nous allons donner, chacune d'elles a son importance, et bon nombre d'insuccès ne doivent et ne peuvent généralement être attribués qu'à leur omission.

Le laboratoire pour la plaque doit être parfaitement distinct, parfaitement séparé du laboratoire pour le papier. Nous allons les décrire l'un et l'autre.

Le laboratoire pour la plaque est toujours composé de deux pièces ou d'une grande chambre dans laquelle on s'est ménagé une sorte de cabinet obscur. La première pièce est spécialement destinée au polissage, au lavage, et au chlorurage des plaques. On ne doit trouver dans cette chambre, sur des tablettes *ad hoc*, que les propuits spéciaux et particuliers à la plaque. La table sur laquelle on polit les plaques, doit se trouver dans la lumière afin de mieux juger de l'état du polissage : cette table doit être solidement fixée au mur et ne jamais être encombrée d'objets inutiles : la boîte fermante des polissoirs, une boîte de coton, une boîte contenant des flacons de poudres diverses, un recourboir mécanique, sont les seuls objets que l'on y doit voir.

Au-dessus de la table, devront être rangées avec soin les planchettes de différentes grandeurs et les presses en fonte pour fixer les planchettes à la table : Enfin dans un tiroir de la table une ou deux brosses d'horloger, exclusivement destinées à enlever la poussière des polissoirs et à étendre le rouge d'Angleterre.

Dans un coin de la chambre, dans un casier à compartiments, les différents châssis et les diverses planchettes à plaques, en ayant soin de bien diviser les pièces de chaque chambre noire. La poussière doit être impitoyablement expulsée de ce casier.

Une autre petite table doit être placée devant une fenêtre ; elle supporte le trépied à chlorurer et une bassine de zinc ou de cuivre étamée, destinée à recevoir les eaux du chlorurage, un robinet doit être adapté à cette bassine pour l'écoulement des liquides. Sur cette même table doivent toujours se trouver une cruche légère d'eau ordinaire, une carafe d'eau distillée, un vase à large ouverture et recouvert d'une glace dépolie pour l'hyposulfite et une cuvette pour laver les épreuves. Près de cette table et à portée de la main, doivent toujours être placés un crochet en argent avec une pince.

Les boîtes à plaques doivent avoir place dans une petite étagère disposée près de la table à polir. Le reste de l'appartement peut être affecté à des tablettes contenant les objets les plus usuels dans la photographie sur métal. Des produits étiquetés avec soin, des entonnoirs portant une étiquette indiquant leur usage, des éprouvettes, des verres à bec, des vases gradués, le tout bien rangé.

La disposition du cabinet noir est des plus simples : une porte ou une portière pouvant s'ouvrir et se fermer rapidement est de toute nécessité. Quant à la disposition intérieure, une table élevée sur laquelle est une boîte à mercure. Il est bon, autant que possible, d'avoir, soit dans un coin de la chambre destinée au polissage, ou mieux, dans un endroit très-faiblement éclairé et que l'on rendra sombre facilement, soit en tirant un rideau noir, soit en fermant une porte, d'avoir la boîte jumelle, où sont les substances dont les vapeurs doivent, en se combinant avec l'argent mis à nu de la plaque, former la couche sensible impressionnable.

Le laboratoire de photographie doit être également divisé en deux parties, seulement ici la chambre noire doit être plus grande que celle où les rayons solaires peuvent pénétrer sans inconvénient.

Dans la chambre obscure doit être une longue table, très-haute, afin d'éviter à l'opérateur la fatigue résultant d'être sans cesse penché pour observer la venue de son cliché. Cette table doit avoir la hauteur que l'on donne habituellement aux établis près desquels on travaille debout.

Vis-à-vis de soi, et au-dessus de la table une large tablette doit régner dans toute la longueur du mur auquel s'appuie la table. Cette tablette est destinée aux produits chimiques et aux flacons contenant les dissolutions argentiques. Nous nous servons depuis bien des années de flacons en gutta-percha de la fabrique de M. Leverd, ainsi que de capsules venant de la même maison, et chaque jour, depuis quatre ans environ, nous nous applaudissons d'avoir employé et vanté cette substance dont l'inaltérabilité est plus grande que celle de la porcelaine qui a toujours quelques endroits où le vernis manque.

On doit adopter de suite et après mûres réflexions une place pour chaque cuvette sur la table. L'opérateur agissant de la sorte saura trouver facilement ce qu'il désire, bien qu'il ne soit éclairé que par une bougie que nous lui conseillons encore de cacher derrière un petit écran destiné à intercepter les rayons lumineux qui pourraient frapper la glace collodionnée au sortir de la cuvette verticale. Dans le cours de notre ouvrage nous avons déjà recommandé l'usage de la cuvette verticale, nous ne pouvons ici que le répéter de nouveau. Une cuvette verticale en gutta-percha est à nos yeux une chose indispensable.

Le trépied sur lequel on place la glace pour faire apparaître l'image doit être lui-même dans une bassine très-grande en gutta-percha dans un coin de laquelle on aura fait adapter un tuyau qui permettra l'écoulement des eaux de lavage que l'on jette sans cesse sur la plaque de verre. Ce tuyau traversera la table et laissera couler le liquide dans un baquet destiné à cet usage.

La propreté est encore ici indispensable; les cuvettes doivent être essuyées, chaque fois qu'elles ont servi, avec du papier de soie. On ne doit rien essuyer avec du linge, mais bien avec du papier de soie ou du papier joseph.

14

Dans la chambre claire une autre grande table est aussi nécessaire. On aura dessus les cuvettes à fixer les épreuves positives, les cuvettes de lavages, etc., etc. Il serait très important, si cela ne nécessitait pas de trop grands frais, d'avoir un réservoir d'eau qui laisserait toujours couler un filet d'eau très-mince dans la cuvette de lavage, il faudrait avoir alors un trop plein à la cuvette qui rejetterait l'eau soit dehors, soit dans un baquet destiné à cet usage.

Un trébuchet, des verres gradués, des flacons bouchés à l'émeri, du papier buvard rose ou blanc, et surtout du papier de soie, sont indispensables dans le laboratoire. Des entonnoirs en verre, étiquetés avec soin, du papier à filtrer, doivent être également rangés sur une des tablettes.

Enfin, dans la chambre claire, ou mieux dans une pièce séparée, on doit avoir des passe-partout de grandeurs différentes.

Nous ne saurions trop recommander de mettre toujours les photographies dans des passe-partout ayant des marges blanches très-larges; plus cette marge est large et plus la photographie paraît belle. Aussi faisons-nous toujours faire à M. Romieu, fabricant, breveté (s.g.d.g.), 15, rue Rambuteau, des passe-partout ayant une marge double de celle employée par la plupart des photographes.

Ces passe-partout que fabrique avec beaucoup de soin et de talent M. Romieu, donnent un cachet remarquable à l'épreuve.

Nous engageons vivement l'amateur a se pénétrer profondément de cette vérité. Il en est de même pour les épreuves
sur plaque de métal, seulement dans ce cas, il ne faut pas de
blanc mais bien du marron ou du noir pour le passe-partout.
La maison Romieu fabrique un genre de passe-partout pour
la plaque qui a un cachet artistique vraiment remarquable.

Puisque nous parlons des encadrements, nous ne pouvons
passer sous silence les écrins si riches et de si bon goût de
M. Binnechère, breveté (s. g. d. g.) Les écrins sortant de
cette maison sont tous faits avec un intérieur de métal, de
cette façon la boîte ne travaille jamais, chose importante,
alors qu'il s'agit d'un écrin POMPADOUR double plaque, ainsi
que nous en admirions un ce matin encore.

La moulure couverte de velours qui vient rehausser ce
cercle guilloché dont la dorure mate et brillantée, est d'un
travail si remarquable qu'il est impossible à cette heureuse
maison de satisfaire à ses nombreuses demandes.

Nous ferons observer aussi au photographe qui veut faire
industrie de son talent, qu'il doit toujours avoir en provi-
sions de ces jolies broches dorées, de ces petits médaillons
aussi gracieux que légers; des marquises riches, dans lesquelles un portrait sur plaque paraît toujours si heureusement
réussi. Tout ce genre de cadres dorés ne se trouve nulle
part aussi bien confectionné, de goût aussi pur que dans le
bel établissement de M. A. Gaudin.

On se sent à l'aise en entrant dans la belle manufacture de la rue de la Perle. Là, tout est riant; le sang circule, la vie s'exhale par tous les pores , on s'aperçoit de suite qu'on est chez un homme intelligent et dont les travaux ont été couronnés par le succès le plus complet. Malheureusement nous ne pouvons en dire autant de plusieurs autres maisons.

CHAPITRE X.

Acétate d'Ammoniaque.

$$\left(AzH^3, HO\right) \ C^8 \ H^6 \ O^3.$$

Il y a deux méthodes pour préparer l'acétate d'ammonia-que : la première qui se présente est de saturer de l'acide acétique concentré par de l'ammoniaque ; mais de cette fa-çon il est assez difficile de faire cristalliser, car pendant l'évaporation le sel se vaporise et une certaine quantité d'ammoniaque se dégage à l'état libre. Toutefois, si l'on dis-solvait à chaud l'ammoniaque dans l'acide et qu'après saturation on fermât hermétiquement le flacon, on obtiendrait des cristaux, peu stables cependant.

Pour obtenir ce sel à l'état solide il suffirait de suivre la seconde méthode qui est celle-ci : On placerait dans une cornue munie d'une allonge et aboutissant à un ballon, un mélange de parties égales de chlorhydrate d'ammoniaque et d'acétate de chaux.

$$HCl\ AzH^3 + C^8H^6O^3,\ CaO = ClCa + HO + C^8H^6O^3.\ AzH^3.$$

On disposerait la cornue sur un fourneau dont on élèverait peu à peu la température, et on obtiendrait ainsi de l'acétate d'ammoniaque qui distillerait et se présenterait dans le récipient sous forme solide.

L'acétate d'ammoniaque solide attire l'humidité ; il est très-soluble dans l'eau et l'alcool ; porté à l'ébullition, sa dissolution ne contient plus de l'acétate d'ammoniaque, mais bien du bi-acétate et de l'ammoniaque libre. Une solution d'acétate d'ammoniaque exposée à l'air ne tarde pas à s'altérer ; il se forme du carbonate d'ammoniaque.

Acétate de chaux.

$$CaO, C^8 H^6 O^3.$$

L'acétate de chaux est blanc, un peu jaunâtre, émanant de légères vapeurs acétiques, d'une saveur piquante, rappelant le goût de l'azotate de potasse mêlé au sucre. Il cristallise en masses confuses, en *choux-fleurs*, où, cependant, on distingue des sortes d'aiguilles soyeuses et même de petites cristallisations brillantes, mais peu définies : comme celles des acétates alcalins en général, sa dissolution à la longue et au contact de l'air, se change en carbonate de chaux, qui se précipite. Par la chaleur, il est décomposé en chaux et en acide pyro-acétique ou en acétone.

La plus simple manière de le préparer est de saturer à froid de l'acide acétique cristallisable par du carbonate de chaux pulvérisé. Le carbonate se dissout dans l'acide avec effervescence, l'acide carbonique est déplacé par l'acide acétique, et la chaux s'unit à ce dernier

$$CaO, Co^2 + C^8 N^6 O^3 = C^8 H^6 O^3, CaO + Co^2.$$

Le carbonate en excès, insoluble, se précipite, on décante la liqueur et on l'évapore à feu doux. Par refroidissement on obtient de l'acétate de chaux que l'on peut purifier par des solutions et concentrations répétées.

Acide Acétique.

$$C^8 H^6 O^3.$$

L'acide acétique s'obtient pur de diverses manières : le premier moyen qui se présente est la distillation du vinaigre blanc, mais alors on n'obtient qu'un acide peu concentré, avec peu de saveur, ni d'odeur : on procède à cette opération comme à la distillation de l'eau ; toutefois, pour obtenir un acide plus fort, il est bon de négliger les premiers produits de la distillation, car, l'eau étant plus volatile, elle passe en premier lieu. Enfin, il ne faut pas pousser l'opération trop loin, il faut l'arrêter quand le résidu a acquis une certaine consistance, pour éviter la décomposition des matières organiques. En second lieu on peut obtenir l'acide acétique en purifiant l'acide pyro-ligneux. Cette opération est assez compliquée et demande un peu d'expérience. Nous allons l'indiquer rapidement : on sature de l'acide pyroligneux du commerce par du carbonate de chaux, à la température ordinaire, on enlève avec soin l'écume qui surnage et on achève la saturation avec de la chaux délitée. Cela fait, on y mêle du sulfate de soude qui précipite la chaux sous forme de sulfate de chaux et laisse un acétate de soude en dissolution ; on décante le sulfate de chaux et les matières organiques qui se sont précipitées, et on fait cristalliser ; on dessèche les cristaux impurs que l'on a obtenus, on les soumet à la fusion ignée, on les fait cristalliser plusieurs fois, et enfin on obtient un acétate de soude sensiblement pur que l'on décompose ensuite par un acide, à chaud.

Cette dernière préparation rentre un peu dans la préparation suivante, qui est généralement la plus suivie : On place, dans une cornue en verre, une assez forte quantité d'acide sulfurique dans lequel on met ensuite suffisamment d'acétate de plomb pulvérisé, pour que la masse ait la consistance d'une bouillie épaisse :

$$\text{PbO, } C^8 H^6 O^3 + SO^3 HO = SO^3 HO, PbO + C^8 H^6 O^3.$$

Puis vous distillez à une chaleur convenablement réglée. Cette opération demande quelques précautions. D'abord il faut avoir soin, en introduisant l'acide sulfurique dans la cornue de ne pas en humecter les parois intérieures; on évite ce petit inconvénient en versant son acide par un long tube plongeant jusqu'au fond de la cornue, et muni d'un petit entonnoir. Il faut ensuite négliger les premiers produits qui sont aqueux, négliger aussi les derniers, qui sont chargés de

vapeurs sulfuriques et sulfureuses. Quand vous jugez l'opération assez poussée, vous retirez le produit du récipient et
vous y jetez une certaine quantité de chaux délitée pour précipiter les traces d'acide sulfurique entraînées par la distillation, et vous cessez d'ajouter de la chaux, dès qu'il ne se
forme plus de précipité. Cela fait, vous distillez de nouveau,
toujours en négligeant les premiers produits qui sont plus
chargés en eau. Et ainsi de suite vous obtenez un acide que
vous pouvez amener à un état de concentration de plus en
plus grand : enfin à ce point que l'acide cristallise au moindre
abaissement de la température.

On peut remplacer avantageusement la chaux par la baryte en poudre, ce qui donne un sulfate de baryte (BaO SO^3
complétement insoluble.

L'acide acétique amené à l'état de pureté, par des distilla-
tions et des précipitations répétées, est incolore, limpide,
d'une odeur pénétrante et bien connue, et enfin, d'une saveur brûlante et corrosive.

On en trouve d'excellent chez les fabricants de produits,
cependant parfois le degré de concentration laisse à désirer,
et la pureté est quelquefois douteuse. Pour le photographe
qui suspecte son acide acétique, avec quelques gouttes d'une
dissolution barytique il jugera s'il contient de l'acide sulfurique et réciproquement. L'évaporation sur la lame de platine
ne doit non plus laisser de résidu si l'acide est pur.

Acide gallique.

$$C^7 H^3 O^5, HO.$$

Si vous abandonnez à l'air une dissolution d'acide tannique ou tannin, la liqueur ne tarde pas à se transformer en acide gallique ; voici une première manière de l'obtenir, mais pour l'avoir plus pur et en plus grande quantité il faut procéder de la manière suivante : Ayez une dissolution concentrée de tannin, versez-y à froid de l'acide sulfurique du commerce, vous aurez un précipité qui, recueilli avec soin, porté à l'ébullition pendant environ un quart-d'heure, avec un mélange d'une partie d'acide sulfurique et de deux parties d'eau, abandonné à l'air, vous donnera par refroidissement des cristaux d'acide gallique, des petits prismes confus. Cette opération est simple et donne de bons résultats, et si l'on voulait être sûr de la pureté du tannin, on pourrait le préparer soi-même ainsi qu'il suit : Dans l'allonge de l'appareil connu sous le nom d'appareil de déplacement, vous introduisez un tampon de coton, par dessus lequel vous placez de la noix de Galles en poudre fine et enfin de l'éther hydrique du commerce. On laisse l'opération marcher seule et le lendemain, dans l'éther filtré, on trouve un précipité d'une couleur ambrée : c'est le tannin ; on décante, on lave avec soin avec de l'éther pur et bien rectifié, puis on porte dans une étuve ou sous le récipient d'une machine pneumatique. La masse se sèche, semble augmenter de volume, offre un aspect spongieux, comme cristallin, d'une teinte légèrement jaunâtre. C'est le tannin pur.

$$C^{36} \ H^{18} \ O^{12}.$$

Avec cette substance il est très-facile, comme nous l'avons dit, de se procurer de l'acide gallique pur. L'acide gallique pur est blanc, quelquefois d'une couleur rappelant faiblement celle du tannin, soluble dans 100 parties d'eau froide et 15 parties seulement d'eau bouillante, presque insoluble dans l'éther, mais en revanche très-soluble dans l'alcool. Un caractère remarquable de l'acide gallique est que : chauffé à la température de 200°, maintenu en fusion, la propriété de précipiter la gélatine lui est enlevée en raison d'une modification et que dissous il ne la précipite plus, caractères qui suffisent pour le distinguer du tannin. Du reste, cette dernière substance a les mêmes réactions que l'acide gallique avec les sels de fer. Dans les sels au maximum, vous obtenez un préci-

pité bleu-noir et dans les sels au minimum absence de précipité.

Tous les photographes savent que la dissolution de cet acide
réduit les sels d'argent.

Acide pyrogallique.

$$C^6 H^3 O^3.$$

L'acide pyrogallique est blanc, cristallin; le plus pur est généralement sous forme de paillettes d'un beau blanc; souvent on le vend en masse lanugineuse, exhalant une petite odeur pyrogénée; parfois même on le trouve d'une couleur semblable à celle du tannin. C'est un des réducteurs des sels d'argent le plus employés.

L'acide pyrogallique peut se préparer de la manière suivante : Chauffez au bain d'huile, dans un ballon à très-long col, une certaine quantité d'acide gallique, maintenez en plongeant un thermomètre dans le bain, à une température de 180 à 200°, et vous observerez ce phénomène, à savoir que : l'acide gallique entrera en fusion après avoir perdu un équivalent d'eau et si la chaleur du bain d'huile est bien réglée pendant un certain temps, une cristallisation blanche et brillante ne tardera pas à se manifester sur les parois intérieures du ballon : c'est de l'acide pyrogallique pur. En prenant la formule de l'acide gallique on aura :

$$C^7\ H^3\ O^5 = C^6\ H^3\ O^3 + CO^2.$$

L'acide gallique se dédoublera donc en un équivalent d'acide pyrogallique et un équivalent d'acide carbonique.

Maintenant, si vous portez la température du ballon plus haut que nous venons de l'indiquer, il se produirait bien encore un peu d'acide pyrogallique, mais la plus grande partie de l'acide gallique se changerait en une masse brune qui a été peu étudiée jusqu'ici.

On pourrait encore obtenir l'acide pyrogallique en portant à peu près à la température que nous avons dite ci-dessus, soit des noix de Galles en poudre, soit une infusion concentrée de cette substance. Alors on procéderait ainsi : on placerait soit les noix de Galles, soit l'extrait, dans une capsule de porcelaine, l'on disposerait sur les bords du vase un cône en carton dont la base serait bien égale à la circonférence de la capsule, et après avoir réuni par un papier gommé le cône à la capsule, on chaufferait peu à peu sans dépasser 180° degrés à 200. L'acide pyrogallique se sublimerait le long des parois du cône en forme de neige.

L'acide pyrogallique est très-soluble dans l'eau : l'éther et l'alcool le dissolvent en grande proportion. Il a la propriété de donner la coloration bleu-noir avec les sels de fer au minimum, contrairement à l'acide gallique qui agit de la sorte avec les sels de fer au maximum ; et, d'un autre côté, l'acide pyrogallique donne une belle couleur rouge avec les mêmes sels au maximum, caractères qui permettent de distinguer ces deux acides.

Alcool.

$$C^4 H^6 O.$$

L'alcool ou bi-hydrate de bi-carbure d'hydrogène, ou esprit de vin, s'extrait des boissons vineuses. Dans l'industrie on le trouve plus ou moins pur, c'est-à-dire avec plus ou moins d'eau. De là les différents degrés d'alcool que l'on peut constater au moyen des aréomètres. Il est parfaitement inutile d'en donner la préparation, qui nous entraînerait trop loin, mais nous allons décrire rapidement la manière de le rectifier. On y procède en distillant sur des corps très-avides d'eau, la chaux, par exemple. A cet effet on introduit dans une cornue ou un ballon de l'alcool que l'on a laissé digérer pendant plusieurs heures sur de la chaux vive et l'on procède à la distillation. Dans cette opération, les premiers produits sont les plus purs, les plus déphlegmés possible; il est donc essentiel de diviser les différentes parties de la distillation. La première moitié est toujours la meilleure, mais si elle ne semblait pas encore assez déphlegmée, il faudrait réitérer l'opération. Le meilleur moyen de savoir si l'alcool est anhydre est d'y jeter un fragment de baryte bien pure et bien vive. Si l'alcool est encore chargé d'eau, au bout de quelque temps la baryte se déliera et tombera en flocons plus ou moins divisés suivant la quantité d'eau.

L'alcool obtenu après la rectification, est incolore, transparent, d'une odeur douce et agréable, mais en revanche d'une saveur brûlante, il est sans action sur la teinture bleue de tournesol ; sa densité, selon Gay-Lussac, est de 0,79235 à 17°, celle de sa vapeur 1,613. D'après Walker un froid de — 68° ne le congèle pas. D'après Hutton, cependant, il cristalliserait à — 79°. Son point d'ébullition est à 78°,41 ; c'est pourquoi, en le distillant, il est bon de plonger un thermomètre à mercure gradué sur sa tige, dans la cornue, de ne guère élever la température qu'à 80° et de l'y maintenir autant que possible, afin d'éviter une trop grande volatilisation d'eau.— L'alcool, après l'eau, est un des dissolvants les plus profonds ; il ne dissout pourtant aucune base salifiable, organique ou métallique, excepté la soude, la potasse et l'ammoniaque. Uni à l'éther il forme un liquide parfaitement incolore, limpide, que décompose l'eau. Comme on l'emploie souvent à l'état anhydre, pour la préparation du collodion, il est donc bon de pouvoir le rectifier soi-même.

Azotate d'argent.

$$AgO.\ AzO^5.$$

L'azotate ou nitrate d'argent étant un des produits les plus importants employés en photographie, il est donc essentiel de chercher à l'obtenir à l'état le plus pur. On le trouve dans le commerce souvent mélangé à d'autres sels qui, tout en augmentant le poids supposé du sel d'argent, tendent souvent à dénaturer ses réactions. Je vais donner les moyens de l'obtenir soi-même d'une manière facile et peu dispendieuse.

Le premier procédé qui évidemment se présente serait de dissoudre de l'argent pur à une douce chaleur, dans de l'acide azotique pur; mais l'on n'a pas toujours sous la main de l'argent vierge ou de l'argent réduit de Coupelles ; l'argent des monnaies se présente donc naturellement. Dans de l'acide azotique pur, étendu d'environ une fois son poids d'eau et chauffé à une douce chaleur, jetez une pièce d'argent. L'action est très-vive , il se dégage du bi-oxyde d'azote, le métal s'oxyde et se dissout dans l'acide. Vous avez alors une solution d'azotate de cuivre et d'azotate d'argent :

$$CuO. AzO^5 + AgO AzO^5.$$

Il suffit maintenant de porter le liquide jusqu'à l'ébullition, de l'évaporer et de le concentrer convenablement, pour que l'azotate de cuivre se décompose et que l'oxyde de cuivre se précipite en poudre noire. Gay-Lussac conseille d'ajouter à la liqueur une petite quantité d'oxyde d'argent qui précipite complétement le cuivre. Maintenant, pour constater la pureté de votre sel d'argent et être sûr que tout le cuivre a été précipité, il faut que toute trace de coloration bleue d'azotate de cuivre soit disparue, que quelques gouttes d'ammoniaque versées dans un peu de la liqueur ne lui donnent pas une teinte bleue céleste, et qu'enfin des vapeurs *rutilantes* ne se dégagent plus.

Le sel d'argent amené à cet état et soumis à l'évaporation et la concentration, ne tarde pas à cristalliser en lames carrées, incolores, transparentes et sans odeur si le sel est pur, d'une odeur bien caractéristique s'il est acide.

L'azotate d'argent ainsi obtenu est soluble dans son poids d'eau froide, beaucoup plus dans l'eau bouillante ; l'alcool en dissout environ le quart de son poids à chaud, et en beau coup moindre proportion à froid. La lumière ne décompose le nitrate qu'en présence de matières organiques. Tout le monde connaît ses effets sur le tissu cutané et sait que le cyanure de potassium en atténue les traces. La chaleur rouge le réduit en azotate et en métal.

Maintenant, pour le photographe qui achète son azotate d'argent dans le commerce et qui veut en constater la pureté, nous allons donner quelques-uns des réactifs des sels d'argent :

— Ammoniaque : En petite quantité, on obtient un précipité d'oxyde d'argent soluble dans un excès de réactif; si la dissolution argentique contenait du cuivre, elle bleuirait légèrement.

— Cyanoferrure de potassium : On obtient un précipité blanc.

— Cyanoferride id. : Un précipité brun-rouge.

— Acide sulf-hydrique : Précipité noir de sulfure d'argent.

— Chlorures et acide chlorhydrique : C'est le réactif des sels d'argent par excellence. On obtient un précipité bien connu, de chlorure d'argent sous forme de nuage blanc, caillebotté, insoluble dans l'eau et les acides, très-soluble dans l'ammoniaque, les sulfites et hyposulfites. Tout le monde connaît la propriété de ce sel, de noircir à la lumière. La plus petite trace de bi-chlorure de mercure suffit pour lui ôter la propriété de se colorer ainsi.

— Iodure de potassium : Précipité blanc qui jaunit légèrement. C'est l'iodure d'argent que l'on emploie aujourd'hui
avec succès : Le précipité est un peu soluble dans un
excès de réactif.

Nous nous étendrons plus longuement sur ces réactions,
dans un chapitre particulier.

En résumé, soupçonnez vous votre azotate d'argent d'être
impur, précipitez complétement l'argent avec de l'acide
chlorhydrique, filtrez le liquide avec soin, recueillez-le et
traitez-le de différentes manières, suivant les substances étrangères que vous pensez qu'il contient. En outre, en vapori-
sant quelques gouttes de cette liqueur sur une lame de platine, vous ne devez obtenir aucun résidu, si votre sel est
pur.

1º Pour le cuivre, versez-y quelques gouttes d'ammoniaque, il deviendra bleu ;

2º Pour la potasse, employez une dissolution d'acide tár-
trique et vous aurez un précipité blanc, cristallin de bi-tartrate de potasse. Dans ce cas, il faut employer le réactif
en excès, ou bien encore traiter la liqueur suspecte par le
bi-chlorure de platine, qui vous donnera un précipité jaune
de chlorure double de platine et potassium ;

3º Pour le zinc, avec le cyanoferride de potassium vous
obtenez un précipité jaune sale, soluble dans l'acide chlorhydrique libre. Cette réaction est d'autant meilleure qu'elle

est, croyons-nous, la seule réaction colorée que donnent les sels de zinc.

Voilà les principaux métaux que l'on peut redouter en mélange avec le nitrate d'argent. Notre cadre ne nous permet pas de nous étendre plus longuement sur ce sujet. Cela nous entraînerait dans une série de réactions chimiques qui nous conduirait trop loin.

Bi-chlorure de mercure.

Hg Cl.

Le bi-chlorure de mercure est blanc, inaltérable à l'air, d'une saveur métallique et désagréable; extrêmement véné- neux, cristallisant par volatilisation en aiguillettes blanches. On le nomme encore souvent sublimé-corrosif. Il est assez soluble dans l'eau froide, beaucoup plus dans l'eau bouil- lante. On le trouve très-pur dans l'industrie pour les besoins de la médecine. Cependant comme sa préparation dans les laboratoires est extrêmement intéressante, facile et surtout donnant des produits sensiblement purs, il est bon de la con- naître. Dans une capsule de porcelaine, on place six parties d'acide sulfurique du commerce et cinq de mercure, on porte le mélange à l'ébullition et l'on chauffe jusqu'à ce que le volume de la matière soit réduit au cinquième de la masse première. On obtient ainsi du sulfate de bi-oxyde de mercure et de l'acide sulfureux.

$$Hg \quad 2SO^3, HO = HgO, SO^3 + SO^2 + HO.$$

16

On recueille le sulfate que l'on sèche avec soin, et on le mêle avec cinq parties de chlorure de sodium ou sel marin et deux de bi-oxyde de manganèse ($Mn\,O^2$). Il faut en outre faire attention que le sel marin soit bien sec, attendu que le sulfate de bi-oxyde de mercure attire l'humidité et est décomposé par l'eau. Le mélange des trois substances étant convenablement fait, on introduit le tout dans un ballon à très-long col que l'on place dans un bain de sable, de manière que toute la sphère du ballon plonge dans le bain; puis l'on ferme l'ouverture du col avec un creuset ou un cornet de papier et l'on dispose le tout sur un fourneau organisé sous le manteau d'une cheminée à fort tirage, ou le tuyau d'une forge, s'il y en a une dans le laboratoire. On chauffe à une assez forte température en laissant l'opération marcher toute seule.

L'action qui se passe est celle-ci : le sulfate de mercure et le chlorure de sodium se décomposent réciproquement et le bi-oxyde de manganèse abandonne une partie de son oxygène. Ainsi l'on a :

$$Na\,Cl + HgO,\ SO^3 + MnO^2 = NaO,\ SO^3 + MnO + O + HgCl.$$

Le sulfate de soude $NaO,\ S\,O^3$ reste au fond du ballon

avec le protoxyde de manganèse MnO, l'oxygène se dégage et le bi-chlorure de mercure volatilisé, vient se sublimer sous forme d'aiguilles blanches, à demi-transparentes, et très-légères sur les parois et le col du ballon. Il ne faut pas négliger d'élever, surtout vers la fin, la température du fourneau, sans quoi une partie de bi-chlorure, loin de se sublimer sur le ballon, cristalliserait sur les résidus et offrirait ainsi quelques difficultés à recueillir bien pur. Au reste, l'élévation de température ne peut nuire en rien ; au contraire, elle tend à faire entrer le bi-chlorure en fusion et en conséquence à lui donner plus de densité. L'opération tout entière est assez longue et peut demander plusieurs heures. On retire le sublimé du ballon en brisant ce dernier. On sait l'emploi du bi-chlorure en photographie surtout pour les positifs sur collodion.

Bromure de potassium.

KBr.

Le bromure de potassium est blanc, très-soluble dans l'eau, décrépitant quand on le chauffe, entrant en fusion sans se décomposer. Pour préparer le bromure de potassium, il suffit de verser du brôme dans une dissolution concentrée de potasse. L'action est vive, il y a effervescence. On ne doit cesser de verser du brôme qu'au moment où la liqueur s'est teintée d'une très-légère couleur ambrée, c'est le signe de la saturation de l'alcali. La liqueur que vous avez alors contient du bromure de potassium et du bromate de potasse :

$$KBr + KO, BrO^5.$$

Sachant que l'acide brômique $Br\,O^5$ est très-décomposable par la chaleur, il suffira donc de faire évaporer le liquide, de calciner à creuset ouvert le produit de la concentration jusqu'à ce qu'il ne se dégage plus d'oxygène, ce qui est très facile à constater, en élevant la température du creuset quand vous jugerez l'opération à sa fin, en présentant, à l'ouverture dudit creuset, une allumette non enflammée mais ayant encore des points en ignition, si elle se rallume, il est évident que vous devez porter la matière à une plus haute température, pour chasser les dernières traces d'oxygène. Quand l'opération sera terminée, il ne restera donc plus dans le creuset que du bromure de potassium,

$$KBr + KO + BrO^5 = O^6 + 2KBr.$$

qu'il suffira alors de dissoudre dans l'eau, d'évaporer avec soin. Ces deux opérations dernières terminées : par refroidissement, vous obtiendrez de petits cubes rectangulaires de bromure de potassium sensiblement pur.

Ce sel a beaucoup d'analogie avec le bromure de sodium.

Chloro-Bromure de chaux.

Le chloro-bromure de chaux, c'est-à-dire le mélange de chlorure de brôme (Br. Cl.) avec de la chaux délitée est la substance accélératrice la plus généralement employée, dans la photographie sur métal. On a déjà beaucoup donné de méthodes pour le préparer, nous en avons même déjà exposé une, nous allons actuellement décrire la manière d'obtenir un chloro-bromure de chaux dont la préparation peu coûteuse, facile, rapide, donne des résultats excessivement satisfaisants. Nous nous servons d'un chloro-bromure préparé de la sorte et nous nous en trouvons bien.

Après avoir fait déliter de la chaux, placez-la dans un flacon à l'émeri à large ouverture et introduisez brusquement une certaine quantité de brôme pur, agitez les deux substances de manière que la masse soit uniformément colorée en rouge brique foncé ; laissez reposer quelques jours les deux produits ainsi mélangés et vous avez obtenu ainsi ce qu'on est convenu d'appeler le bromure de chaux.

Disposez maintenant l'appareil à chlore, savoir : un ballon auquel vous adaptez un tube de sûreté en S et un tube abducteur qui va plonger dans un flacon à trois tubulures dont l'une reçoit ce premier tube, l'autre un tube droit de sûreté et la dernière un autre tube, à deux courbures, correspondant à un second flacon à deux tubulures pareillement organisé ; ce second flacon correspond à une éprouvette à pied, laquelle enfin est mise en rapport par un dernier tube, soit avec un flacon, soit avec l'air extérieur, si vous opérez dans le laboratoire même. Dans votre ballon vous placez une certaine quantité de bi-oxyde de manganèse, 200 grammes par exemple, dans le premier flacon à trois tubulures vous mettez de l'eau ordinaire, dans le second du chlorure de calicum fondu pur, dans l'éprouvette votre bromure de chaux, et enfin dans le flacon, si vous en disposez un, de l'eau.

Pour que l'opération marche, on met le ballon sur un fourneau, on y introduit de l'acide chlorhydrique par le tube en S et l'on chauffe légèrement, le chlore se dégage aussitôt, il passe d'abord par le premier flacon à trois tubulures, que j'appellerai flacon laveur où il laisse la plus grande partie de l'acide chlorhydrique qui pourrait être entraîné dans la préparation : il passe dans le second flacon où le chlorure de calcium s'empare de l'eau qui a pu être entraînée, et arrive dans l'éprouvette. — Nous observerons en passant que le tube abducteur plongeant dans ce dernier vase doit arriver à un demi-centimètre environ du fond de l'éprouvette. Là le brômure de chaux change d'aspect à vue d'œil : la masse commence à pâlir par endroits, puis généralement, et enfin si le courant de chlore est rapide, l'absorption de ce gaz s'opère en peu d'instants sur tous les points du brômure. La masse prend bientôt une couleur rouge brun extrêmement foncée ; le chloro-brômure est préparé.

Cependant on peut alors entr'ouvrir l'éprouvette, et remuer rapidement la matière avec un agitateur de verre. Au au bout de dix minutes, avec un fort dégagement de chlore vous pouvez préparer une très-grande quantité de chloro brômure de chaux.

Quant au flacon qu'on peut réunir à l'éprouvette, il peut servir soit à obtenir du chlore humide soit du chlore sec ; qu'il est toujours bon d'avoir dans un laboratoire.

Quand votre bromure de chaux semble avoir suffisamment absorbé le chlore, on découvre vivement l'éprouvette et on verse rapidement le produit dans un flacon bien bouché à l'émeri. Préparé ainsi, le chloro-brômure a une odeur excessivement répugnante, il est tellement concentré, que pour s'en servir il faut avoir soin de le mélanger dans a cuvette à brômer, avec une nouvelle quantité de chaux délitée, sous peine d'avoir un courant de vapeur, si rapide que l'on ne puisse pas bien s'en rendre maître.

Une observation enfin : il nous semble assez utile d'éloigner l'éprouvette à brômure le plus possible du fourneau ou de la protéger par un écran à cause de la grande volatilité du brôme. Quant à l'action qui se passe dans le ballon, elle est bien simple :

$$MnO^2 + 2\ HCl = MnO,\ HCl + 2\ HO + Cl.$$

Donc du chlorure de manganèse $Mn\ Cl$ de l'eau $2\ HO$ et du chlore Cl qui se dégage.

Si l'on n'avait pas d'acide chlorhydrique sous la main, que l'on n'eût que de l'air sulfurique, il suffirait de remplacer l'acide chlorhydrique par du sel marin et de l'acide sulfurique. On opérerait absolment de même et l'on aurait alors :

$$MnO^2 + SO^3,\ HO + 2\ NaCL = 2\ NaO,\ SO^3 + HCl + MnO^2$$
$$= MnO,\ HCl + NaO,\ SO^3 + Cl.$$

Chlorure d'argent.

$$Ag\ Cl.$$

Le chlorure d'argent est blanc, sans odeur ni saveur, extrêmement sensible à la lumière qui le décompose ; complétement insoluble dans l'eau, soluble dans l'ammoniaque. Lorsqu'on a préparé une dissolution ammoniacale de ce sel et qu'on l'abandonne à l'air, l'ammoniaque se volatilisant peu à peu, le chlorure se dépose en cristaux de forme cubique. Si l'on chauffait la dissolution, le sel se précipiterait en lames nacrées, et si on portait à l'ébulition on obtiendrait de l'argent fulminant. — Le chlorure d'argent fond à une température de 260°, présente par refroidissement l'aspect de la corne. Dans cette état il acquiert la même propriété que l'oxyde de plomb, il perfore les creusets ; la chaleur ne le décompose pas, mais, d'un autre côté, il est réduit à sec par un grand nombre de métaux. L'argent réduit du chlorure est aussi pur que l'argent réduit de Coupelles, et plus facile à obtenir. Il suffit de porter à une haute température dans un creuset de porcelaine 100 grammes de chlorure sec, 20 gr. de charbon pulvérisé et 80 gr. de carbonate de chaux.

On le prépare dans les laboratoires en versant une dissolution de chlorure de sodium ou de l'acide chlorhydrique pur étendu, dans une dissolution d'azotate d'argent. En prenant le sel marin on a la réaction suivante :

$$\text{Na Cl} + \text{AzO}^5 . \text{AgO} + \text{HO} = \text{AzO}^5 \text{NaO} + \text{Ag Cl} + \text{HO}.$$

On verse de la solution de chlorure de sodium, jusqu'à ce qu'il ne se manifeste plus de décomposition. Vous obtenez ainsi un précipité blanc, caillebotté et très-dense; c'est le chlorure d'argent qu'il faut maintenant laver à grande eau distillée et sécher à l'étuve. Bien sec, il présente l'aspect d'une masse floconneuse extrêmement blanche. Maintenant si l'on voulait conserver le chlorure d'argent, même au contact de la lumière, il suffirait de le placer dans un flacon contenant du chlore bien sec. Dans cet état, la lumière n'a plus d'action sur lui, et il reste de la plus grande blancheur.

Il est rare qu'on prépare directement du chlorure d'argent dans les laboratoires pour les besoins de la photographie. Cependant nous nous occupons en ce moment de donner une nouvelle application de ce sel qui peut-être pourra prendre par la suite plus d'importance dans les manipulations photographiques.

Coton-Poudre.

$$C^{24} H^{17} O^{17}. 5AzO^5.$$

Le coton-poudre, ou pyroxyle, ou coton azotique a été découvert en 1846, par un chimiste allemand, M. Schonbein. Comme cette substance est la matière première du collodion, il nous semble important d'en donner les propriétés et la préparation.

Il y a plusieurs manières d'obtenir le coton-poudre, mais toutes tendent au même but : enlever au coton une certaine quantité d'eau et lui attribuer de l'acide azotique. La méthode de préparation qui donne les meilleurs résultats est celle-ci : Dans une capsule de porcelaine, mettez 100 grammes d'a-zotate de potasse pulvérisé et le double d'acide sulfurique concentré et pur mais non fumant ; l'action est assez vive ; il se dégage d'épaisses vapeurs blanches d'acide azotique mo-no-hydraté, et non pas de l'acide hypo-zotique, comme on l'a dit souvent ; il y a un grand dégagement de chaleur, et l'azo-tate de potasse se dissout en grande partie dans l'acide. Il faut alors laisser l'action s'apaiser, et refroidir le mélange. Cela fait, vous introduisez du coton bien pur autant que le liquide épais de la capsule peut en imbiber ; vous remuez la masse avec précaution au moyen d'une baguette ou d'une spatule de verre, et vous laissez les substances en contact de cinq à dix minutes. Il arrive parfois, si on a mis son coton avant que le bain d'acide sulfurique et d'azotate soit refroidi, que des nuages d'acide hypo-azotique se manifestent, et qu'il y ait une sorte de combustion du coton ; il faut alors remuer le mélange avec bien plus de précaution, souvent même rejeter le coton introduit, car il est rare que l'effervescence s'arrête.

Le coton étant resté dans le bain, le temps prescrit ci-dessus, il faut le presser sur les parties intérieures de la capsule, pour égoutter l'excès d'acide et le jeter dans une terrine pleine d'eau. Le bain peut servir jusqu'à complet épuisement en ayant soin toutefois d'ajouter entre chaque dose de coton, quinze ou vingt grammes d'acide sulfurique. Lorsque vous avez préparé autant de coton qu'il vous en faut, retirez-le de la terrine, portez-le sous le robinet d'une fontaine et lavez-le à grande eau, en ayant soin de l'étirer de de toutes façons pour que le lavage soit bien complet. Cela fait, vous jetez votre coton dans une bassine d'eau distillée et l'y laissez quelques minutes, puis vous plongez dans cette eau un papier bleu de tournesol ; si la couleur ne vire pas au rose, vous êtes à peu près sûr que votre coton est pur. Il ne reste plus qu'à le sécher, ce qui se fait soit en le laissant à l'air, au soleil, soit en mettant dans une étuve, ou enfin en le repassant entre des feuilles de buvard, en ayant soin, dans ces deux cas, de ne pas élever la température de l'étuve ou du fer à plus de 100° à 120°.

Ainsi préparé le coton conserve sa blancheur, il a acquis une certaine consistance. Il se dissout entièrement dans un mélange d'éther et d'alcool à 40°. Il est peu fulminant, prend feu cependant à une température de 150 à 160°. Il attire rapidement l'humidité, c'est pourquoi, lorsqu'on l'a convenablement séché, il est bon de le conserver à l'abri de l'air dans un flacon à large ouverture et bouché à l'émeri.

Le pyroxyle peut être préparé aussi avec de la sciure de bois, du lin, du linge, du papier Joseph, et en général avec les substances organiques composées de cellulose. Le pyroxyle donné par le papier Joseph donne un collodion plus fin.—Le coton-azotique est complétement insoluble dans l'eau, peu soluble dans l'éther pur, mais, en revanche très-soluble dans l'éther additionné d'alcool. C'est ce dernier véhicule que l'on emploie pour les dissolutions de pyroxyle pour la photographie. Il est inutile de nous appesantir dans la préparation du collodion simple ou collodion médicinal, et même du collodion photographique.

Cyanure de potassium.

$$K\ Cy.$$

$$\text{ou } K.\ C^2\ Az.$$

Le cyanure de potassium se prépare en calcinant, à une haute température, dans un creuset de porcelaine, le cyano-ferrure de potassium

$$K^2\ Cy^3\ Fe,\ 3Ho.$$

Ou mieux, en prenant l'autre formule du cyanure et en observant la décomposition on obtient l'équation suivante :

$$Fe,\ 2K\left(C^2\,Az\right)^3 = 2\left(K,\ C^2\,Az\right) + Fe\ C^2 + Az.$$

c'est-à-dire deux équivalents de cyanure de potassium, un équivalent de carbure de fer et un d'azote. Dans cette opé-ration, le cyanure est tantôt mélangé à la masse, tantôt réuni au fond du creuset en culot blanc et cristallin. Dans les deux cas, on recueille le tout et on traite par l'eau qui dissout le cyanure et laisse le carbure en suspension. On recueille la liqueur, on filtre, on évapore et on fait cristalliser.

On peut encore l'obtenir en portant à la fusion dans un creuset de terre réfractaire, un mélange de dix parties de cyanoferrure jaune de potassium, quatre parties de tartre grillé et une partie ou deux de charbon. Lorsque la masse fondue est refroidie, on traite par l'eau et on obtient encore du cyanure.

Nous préférons l'autre méthode, qui est plus simple et donne généralement un meilleur résultat. Le cyanure pur est blanc, d'une odeur prussique caractéristique due à l'influence de l'acide carbonique et de l'humidité. C'est un des sels les plus vénéneux ; il cristallise en cubes ; il est très-soluble dans l'eau, extrêmement peu soluble dans l'alcool ordinaire. Cette solubilité augmente à mesure que l'alcool est plus étendu.

Le cyanure qu'on donne dans le commerce est généralement assez pur. Cependant si vous suspectez du fer dans votre cyanure, en ajoutant à sa dissolution quelques gouttes d'acide azotique, s'il y a du fer vous obtiendrez à froid et mieux en chauffant légèrement une coloration brune qui ne vous laissera pas de doute. Avec le chlorure d'or vous obtiendrez toujours, s'il y a du fer, un précipité d'or métallique.

Enfin l'ammoniaque vous donnera un précipité verdâtre, soluble dans un excès de réactif et si vous abandonnez la liqueur à l'air, le précipité jaunira pour peu qu'il n'y ait pas de chlorure d'ammoniaque dans le liquide, ce qui empêcherait le précipité de se faire.

Éther hydrique.

$$C^8 \ H^{10} \ O.$$

L'Éther hydrique ou mono-hydrate de bi-carbure d'hydrogène, plus connu sous le nom d'éther sulfurique, est liquide,
très-inflammable, incolore, d'un odeur forte, pénétrante, d'une
saveur fraîche et piquante. Il est on ne peut plus volatil; sa
pesanteur est de 0, 7192 à 24°,77; son point d'ébullition est
à 36°. Soumis à un froid de—50° il reste liquide et ne semble
pas éprouver d'altération. La chaleur rouge le décompose en
carbure d'hydrogène gazeux, en oxyde de carbone, acide carbonique, huile de goudron et charbon. Exposé à l'air libre, il
absorbe une notable quantité d'oxygène et en s'altérant passe
à l'état d'acide acétique.

$$C^8 \ H^6 \ O^3, \ 4HO.$$

L'éther dissout le phosphore, le soufre, l'iode, le brôme, la
potasse, l'eau, et bon nombre de produits organiques. Un

grand nombre de métaux s'y oxydent et passent à la longue
à l'état d'acétates.

La préparation de l'éther pur est assez minutieuse et demande une certaine habitude des manipulations. Pour obtenir
l'éther, on verse, dans une grande cornue de verre tubulée,
six parties d'alcool ordinaire, puis une partie d'acide sulfurique, que l'on introduit par portions et en ayant soin de remuer le tout pour que le mélange s'opère bien : la combinaison, favorisée par l'agitation de la cornue, se fait avec un
grand dégagement de chaleur; lorque l'action s'est apaisée
on adapte la cornue à une allonge et l'allonge à un ballon tu-
bulé, dont on a soin d'obturer légèrement la tubulure et que l'on
place dans de l'eau bien froide ; la cornue est munie à son
tour d'un tube de sûreté en S, adapté à sa tubulure. L'appareil étant ainsi disposé, on place la cornue sur un fourneau
muni de son laboratoire, et l'on chauffe jusqu'au point où
l'ébullition commence à se manifester sans outre-passer cette
température, en ayant soin de la maintenir, et en l'arrê-
tant au moment où l'on aperçoit des vapeurs blanches dans
la partie vide de la cornue, ce qui arrive lorsque le liquide
distillé est égal aux 2/5 environ de l'alcool : car alors il ne se
produit presque plus d'éther. Si l'on cessait l'opération avant
ce temps, l'éther obtenu ne contiendrait qu'un peu d'alcool
et un peu d'eau, tandis que si l'on poussait la distillation
plus loin, les produits seraient beaucoup plus compliqués;

ainsi, l'on obtiendrait de l'acide sulfureux, du bi-carbure d'hydrogène ou gaz oléfiant, de l'acide carbonique, du charbon,
de l'huile douce de vin pesante. — Généralement on arrête
l'opération entre ces deux limites et alors l'éther contient de
l'eau, de l'alcool, de l'acide sulfureux, de l'huile douce de
vin.

Avant d'aller plus loin, nous n'essayerons point d'expliquer
la formation de l'éther; chercher à établir comme on l'a fait
qu'il ne se produisait qu'en raison de l'avidité de l'acide sulfurique pour l'eau, lequel acide en enlevait un équivalent à
l'alcool, explication qui est fausse : nous ne tenterons point
d'éclaircir ce fait, devant lequel bien des savants ont échoué ;
notre cadre d'ailleurs ne nous le permet pas.

Maintenant, si l'on voulait préparer une assez grande quantité d'éther, il faudrait d'abord marquer avec un petit papier
collé sur la cornue le niveau du mélange dès l'origine ; puis
entretenir, par le tube de sûreté, adapté à la tubulure de la
cornue, un courant d'alcool, de manière que le [liquide de
la cornue soit toujours à la même hauteur. On peut préparer
ainsi, en réglant bien la température du fourneau comme
nous l'avons indiqué, en versant convenablement l'alcool,
une grande quantité d'éther. Dans tous les cas l'éther doit
nécessairement être rectifié. Cette importante opération est
assez longue.

Il faut d'abord laisser digérer l'éther avec la dixième partie environ de son poids de potasse, et cela petit à petit, car ce corps est soluble dans l'éther ; agiter, pour que tous les points du liquide viennent en contact avec cet alcali : opération qui a pour but d'enlever l'acide sulfureux à l'éther, on décante avec soin, et cela fait, on mêle à l'éther une quantité d'eau distillée égale à la sienne, on agite le flacon et on porte le tout dans un appareil distillatoire, c'est-à-dire une cornue munie de son ballon récipient, qu'il faut avoir soin de refroidir par un courant d'eau. L'eau que nous avons introduite dans l'éther a pour but de dissoudre l'alcool entraîné inévitablement dans la première distillation. Enfin on agite ce dernier produit obtenu avec du chlorure de calcium fondu bien pur qui enlève à l'éther l'eau qu'il a dissoute : lorsqu'on juge que le chlorure de calcium a suffisamment enlevé l'eau, on distille encore une fois à feu doux : l'huile douce fait partie du résidu. Ces opérations successives terminées, on est sûr d'avoir un éther sensiblement pur, plus pur que beaucoup d'éthers livrés dans le commerce qui renferment de notables quantités d'alcool et quelquefois d'acide sulfureux. Pour constater la présence de ce dernier, il suffit de verser dans la liqueur un sel métallique à peu près quelconque, un sel de fer, par exemple, qui vous donnera un précipité noir, et vous aurez généralement un précipité insoluble : un sulfure.

Pour constater la présence de l'alcool, sachant que la potasse est la seule base salifiable qui se dissolve dans l'éther ; sachant, en outre, que la potasse, la soude et l'ammoniaque sont les seules bases solubles dans l'alcool, en pesant avec soin une certaine quantité de soude bien pure, la jetant dans votre éther et la pesant après, vous jugerez si, la dissolution ayant eu lieu ou non, votre éther contient de l'alcool.

Si l'on ne voulait pas préparer son éther soi-même, il serait toujours bon d'essayer de le rectifier. Comme l'éther joue un grand rôle en photographie, qu'il est l'agent dissolvant du pyroxyle ou coton azotique dans la préparation du collodion, il est très-essentiel de s'assurer de sa pureté : l'acide sulfureux, entre autres, n'étant pas, que nous sachions, de première nécessité dans la préparation d'un bon collodion.

Fluorure de potassium.

KFl.

Le fluorure de potassium et les fluorures en général, étant d'une préparation assez difficile, sinon dangereuse, il est préférable de les acheter : on les trouve dans le commerce, généralement assez purs. Cependant nous allons donner une des préparations du fluorure de potassium : Dans une capsule de platine ou de plomb, on place du carbonate de potasse pulvérulent, sur lequel on verse de l'acide fluorhydrique : l'action se produit avec effervescence, et quand elle a cessé, on évapore le liquide jusqu'à siccité, on chasse l'excès d'acide en calcinant dans un creuset de platine, et on conserve le fluorure de potassium dans des flacons hermétiquement fermés. Ce sel cristallise difficilement, cependant on peut l'obtenir en cubes, en évaporant à une chaleur de 40 à 50 °, mais le fluorure est tellement déliquescent que ses cristaux ne peuvent être conservés.

Le fluorure de potassium est inodore, d'une saveur âcre et

très-piquante, cristallisant difficilement, d'une dissolution aqueuse; extrêmement vénéneux. La solution concentrée de ce sel, abandonnée dans des flacons, ne tarde pas à attaquer le verre et à en ternir la surface intérieure.

Hyposulfite de soude.

$$\left(\mathrm{NaO}, \mathrm{S}^2\mathrm{O}^2\right) 4\mathrm{HO}.$$

Ce sel, aussi l'un des principaux de la photographie, est tellement répandu dans le commerce qu'il serait peut-être inutile d'en parler : cependant, comme on peut quelquefois vouloir en préparer soi-même, nous allons donner une formule : elle a l'avantage d'être assez simple et surtout de donner un sel extrêmement pur. Il suffit de saturer de soufre, à la température de l'ébullition, une dissolution concentrée de sulfite neutre de soude :

$$\left(\mathrm{NaO}, \ \mathrm{so}^2,\right) \overset{3}{10} \, \mathrm{HO} + \mathrm{S} = \left(\mathrm{NaO}, \mathrm{S}^2\mathrm{O}^2\right)^3 + 4\,\mathrm{HO} + 6\,\mathrm{HO}.$$

On évapore la liqueur, et en laissant cristalliser spontanément, on obtient des grands prismes romboïdaux terminés par des faces obliques : c'est de l'hyposulfite de soude pur.

18

Si pour plus de certitude, pour la pureté des matières premières, on voulait préparer soi-même le sulfite de soude, il suffirait de faire passer un courant d'acide sulfureux sur des cristaux humides de carbonate de soude.

$$NaO, CO^2 + SO^2 + HO = SO^2, NaO + CO^2 + HO.$$

L'hyposulfite est blanc, inaltérable à l'air, très-soluble dans l'eau et insoluble dans l'alcool. Chacun sait qu'il a la propriété de dissoudre le chlorure d'argent et l'oxyde de mercure.

Comme ce sel est livré à très-bon marché dans le commerce, il est presque inutile de se donner la peine de le préparer : cependant il faut observer en passant que très-souvent il est livré dans un état d'humidité déplorable, ce qui augmente de beaucoup son poids, sans augmenter la quantité du sel.

Iodure d'ammoniaque.

$$Az\,H^3,\,HI.$$

L'iodure d'ammoniaque pur est blanc, cristallisant difficilement en petits cubes qui attirent peu à peu l'humidité de l'air. On doit avoir soin de le conserver dans des flacons bien bouchés, surtout lorsqu'il est en dissolution, car alors il se transforme en bi-iodure d'ammoniaque et en ammoniaque libre, qui reste en dissolution dans l'eau. Lorsque l'iodure d'ammoniaque est livré d'une teinte légèrement jaunâtre, c'est qu'il contient un léger excès d'iode.

Le moyen le plus sûr pour obtenir de l'iodure d'ammoniaque pur, est de saturer de l'acide iodhydrique liquide par de l'amoniaque en solution concentrée et de faire évaporer les liqueurs.

On le prépare en général dans le commerce en décomposant une dissolution de carbonate d'ammoniaque, par une solution d'iodure de fer. Ce procédé donne de bons résultats, mais trop souvent malheureusement on vous livre un sel d'une teinte jaune-rougeâtre indiquant un grand excès d'iode et quelques traces d'iodure de fer, conséquence d'une évaporation trop élevée du produit.

Il est essentiel de remarquer en passant qu'il ne faudrait pas essayer de préparer l'iodure ammoniacal en versant de l'iode dans de l'ammoniaque, la réaction serait bien différente et l'on obtiendrait, de l'iodure d'azote.

$$Az\ I^3.$$

Corps extrêmement dangereux, fulminant et détonant à la moindre vibration ou même quand il est bien sec au contact d'une barbe de plume.

Iodure d'argent.

$$AgI.$$

L'iodure d'argent, fraîchement préparé dans un cabinet noir, à la lueur d'une bougie, est blanc, peu après il acquiert une teinte légèrement jaunâtre qui bientôt devient jaune soufre. Il est complétement insoluble dans l'eau, peu soluble dans l'acide azotique étendu, ainsi que dans l'ammoniaque; l'iodure de potassium en dissout une proportion assez notable, et si l'on faisait cristalliser, on obtiendrait un iodure double de potassium et d'argent.

$$(K + Ag)\,I.$$

L'iodure d'argent est très-décomposable; l'acide chlorhydrique et le chlore le changent en chlorure, l'hydrogène, le fer, le cuivre, le zinc, le réduisent facilement; la lumière l'altère rapidement, moins rapidement cependant que le chlorure d'argent.

Pour le préparer, vous mettez dans un verre à bec une dissolution concentrée d'iodure de potassium, sur laquelle vous versez une dissolution d'azotate d'argent, suffisante pour décomposer tout l'iodure de potassium : il se forme de suite un précipité extrêmement épais d'iodure d'argent.

$$AgO, AzO^5 + IK = KO, AzO^5 + IAg.$$

Vous jetez le tout sur un filtre et, quand le premier liquide a passé, vous lavez à grande eau l'iodure resté sur le filtre : enfin vous terminez en y faisant passer de l'alcool.

Lorsque l'on prépare l'iodure d'argent, il faut, autant que possible, s'en servir de suite, quand il est encore humide, vu son peu de stabilité. Cependant si l'on voulait le conserver, on pourrait essayer de ce moyen qui nous a déjà parfaitement réussi : Prendre de l'iodure frais qui reste de la préparation qu'on vient de faire, le jeter dans une solution alcoolique saturée d'iodure de potassium et le mettre à l'abri de la lumière. L'iodure de potassium dissout une notable quantité d'iodure d'argent; l'excès de ce dernier se précipite au fond du flacon. Nous en avons gardé pendant assez longtemps, sans remarquer aucune altération.

Nous donnons cette observation comme simple renseignement, ne l'ayant vue encore notée nulle part.

Sulfate de Protoxyde de fer.

$$FeO, SO^3, 7Ho.$$

Sulfate de Peroxyde de fer.

$$Fe^2 O^3, \left(SO^3\right)^3, 9HO.$$

Le sulfate de protoxyde de fer étant d'une importance plus grande que le sulfate de peroxyde, nous le détaillerons avec plus de soin. On le connaît dans le commerce sous le nom de couperose verte ; sa saveur est piquante, atramentique ; dans l'eau il se dissout à raison de 70 parties p. 0/0, à la température ordinaire, l'eau bouillante en dissout environ trois fois son poids ; il n'est pas vénéneux. Lorsqu'on porte le sulfate de protoxyde de fer à une haute température, il perd son eau et donne une poudre grisâtre ; chauffé au rouge sombre, il se décompose ainsi :

$$2FeO, SO^3 = Fe^2O^3 + SO^3 + SO^2$$

c'est-à-dire en peroxyde de fer, et acides sulfurique et sulfureux.

On prépare en grand le sulfate de protoxyde de fer, en grillant des pyrites. Les pyrites de fer sont des matières très-abondantes dans la nature ; en les exposant à l'air quand elles sont à l'état efflorescent, elles en absorbent l'oxygène, et pour obtenir le sulfate de fer, il suffit de traiter la masse par l'eau et de faire cristalliser.

On peut encore obtenir ce sel en traitant du fer par l'acide sulfurique étendu :

$$Fe + SO^3, HO = FeO, SO^3 + H.$$

Ce qui donne de l'hydrogène et du sulfate de fer, qui par l'évaporation donnera des prismes romboïdaux obliques d'un vert émeraude, transparents, légèrement efflorescents à l'air.

Souvent dans les laboratoires, le sulfate de fer se recouvre de taches ocreuses ; c'est un sous-sulfate de fer que l'on décomposera et ramènera à l'état de protoxyde de fer, en dissolvant le sel dans l'eau et le soumettant à l'ébullition sur de la limaille de fer.

Le sulfate de fer du commerce n'est jamais pur, mais ce

pendant généralement assez pur pour les besoins de la photographie.

Le sulfate de peroxyde de fer est jaune orangé, d'une saveur très-styptique, donnant par concentration une liqueur plus brune mais ne cristallisant pas ; si l'on évaporait, on n'obtiendrait qu'une poudre brun-rouge. Comme tous les sels de fer au maximum, on peut l'obtenir en soumettant le sel au minimum à une action oxydante.

On peut l'obtenir en chauffant le colcothar, ou rouge d'Angleterre, avec de l'acide sulfurique concentré, et chassant l'acide en excès par une élévation de température.

Enfin, on l'obtient en soumettant à l'acide azotique une solution concentrée de sulfate de protoxyde de fer ; il y a dégagement de vapeurs rutilantes, la liqueur se colore fortement, coloration qui est due, au reste, à une dissolution de bi-oxyde d'azote dans la liqueur non-décomposée ; et l'on chauffe jusqu'à ce qu'il ne se dégage plus de vapeurs acides.

RÉACTIONS ET CARACTÈRES

DES DIFFÉRENTS SELS

EMPLOYÉS EN PHOTOGRAPHIE.

Nous terminons notre chapitre sur la chimie photographique par une étude des principaux sels : dans ce résumé nous donnons les diverses réactions de ces sels avec les réactifs les plus usuels. Nous joindrons à cela quelques caractères distinctifs permettant de vérifier autant qu'il sera possible la pureté des produits. Nous procéderons enfin par métaux, en omettant ceux dont les sels ne sont pas encore d'un usage général.

Sels de potasse.

Acide tartrique. — Précipité blanc, et cristallin de bi-tartrate de potasse.

Bi-chlorure de platine. — Précipité jaune de chlorure double de potassium et platine presque insoluble dans l'alcool.

Sulfate d'alumine. — Formation de cristaux octaédriques d'alun.

Acide hydro-fluo-silicique. — Précipité de fluorure double de silicium et potassium.

Sels de soude.

Carbonate alcalin. — Pas de précipité.

Bi-chlorure de platine. — Précipité jaune très-soluble dans l'eau et dans l'alcool.

Acide tartrique. — Pas de précipité.

Antimoniate de potasse. — Précipité blanc.

19

Sels ammoniacaux.

Ces sels sont isomorphes avec les sels de potasse.

Acide tartrique. — Précipité cristallin s'il y a excès d'acide.

Chlorure de platine. — Précipité jaune qui, par calcination, se transforme en chlorhydrate d'ammoniaque et en platine.

Hydrate alcalin. — A une certaine température, il y a dégagement de gaz ammoniac.

Carbonate alcalin. — Pas de précipité.

Sels de chaux.

Potasse et soude. — Précipité blanc.

Ammoniaque. — Pas de précipité.

Acide oxalique. — Précipité grenu d'oxalate de chaux. Soluble dans un excès d'acide et dans l'acide azotique.

Oxalate d'ammoniaque. — Même réaction.

Acide sulfurique. — Précipité blanc dans les solutions concentrées. Ce précipité apparaît par une addition d'alcool dans les solutions faibles.

Sels de fer.

SELS AU MINIMUM.

Potasse-Soude. — Précipité blanc, verdissant à l'air, et se changeant en hydrate de sesqui-oxyde.

Ammoniaque. — Précipité vert soluble dans un excès de réactif, mais se précipitant bientôt en hydrate de sesqui-oxyde si on l'expose à l'air.

Cyanoferrure de potassium. — Précipité blanc, bleuissant à l'air, et instantanément si on ajoute du chlore aqueux.

Acide oxalique. — Précipité jaune, long à se former.

Phosphate de Potasse. — Précipité blanc, bleuissant à l'air.

Sulfhydrate d'ammoniaque. — Précipité noir de sulfure de fer.

Tannin. — A l'air, la dissolution devient noir-bleu.

Arséniate de Potasse. — Précipité blanc qui verdit à l'air.

SELS AU MAXIMUM.

Alcalis fixes et ammoniaque. — Précipité brun d'hydrate de fer insoluble dans un excès de réactif.

Cyanoferrure de potassium. — Précipité de bleu de Prusse.

Cyanoferride de potassium. — Pas de précipité, mais coloration brun-bleuâtre.

Tannin. — Précipité bleu-noir.

Benzoate d'ammoniaque. — Précipité brun.

Acide sulfurique. — Précipité blanc.

Sulfo-cyanure de Potassium. — Coloration d'un rouge foncé.

Sels de cadmium.

Potasse-Soude. — Précipité blanc, insoluble dans le réactif.

Ammoniaque. — Même réaction, mais le précipité est so luble dans un excès de réactif.

Acide sulfhydrique. — Précipité d'un beau jaune.

Carbonates alcalins. — Précipité blanc insoluble dans le réactif.

Acide oxalique. — Précipité blanc soluble dans l'ammo niaque.

Cyanoferrure de potassium. — Précipité blanc-jaunâtre.

Cyanoferride de potassium. — Précipité jaune.

Sels de mercure.

AU MINIMUM.

Potasse-Ammoniaque. — Précipité noir.

Carbonate de potasse. — Précipité jaune-rouge.

Phosphates alcalins. — Précipité blanc, soluble dans un excès d'acide.

Cyanoferrure de potassium. — Précipité blanc qui bleuit à l'air en se décomposant.

Cyanoferride de potassium. — Précipité rouge-brun.

Acide sulfhydrique. — Précipité noir si le réactif est concentré, blanc, s'il est très-faible.

Sulfhydrates alcalins. — Précipité blanc ou orangé, avec des réactifs faibles, noir, si les liqueurs sont concentrées.

Iodure de potassium. — Précipité jaune-verdâtre, noircissant et se dissolvant dans un excès de réactif.

Acide chlorhydrique. — Précipité blanc, noirci par l'ammoniaque, et soluble dans le chlore.

Chrómate de potasse. — Précipité rouge-brun.

AU MAXIMUM.

Potasse — Précipité blanc.

Ammoniaque. — Précipité jaune, insoluble dans un excès de réactif.

Cyanoferrure de potassium. — Précipité blanc bleuissant à l'air.

Acide sulfhydrique. — Précipité blanc-sale, qui noircit quand l'acide est en excès.

Iodure de potassium. — Précipité rouge soluble dans un excès de réactif.

Tannin. — Pas de précipité.

Sels d'argent.

Potasse-Soude. — Précipité brun de protoxyde d'argent insoluble dans un excès de réactif, soluble dans l'ammoniaque.

Ammoniaque. — Précipité brun, soluble dans le réactif; si la liqueur est acide, il n'y a pas de précipité.

Carbonate de potasse-soude. — Précipité blanc-sale, soluble dans un excès de réactif.

Carbonate d'ammoniaque. — Précipité blanc, soluble dans le réactif et dans l'ammoniaque.

Phosphate de soude. — Précipité jaune, la liqueur devient acide.

Pyrophosphate de soude. — Précipité blanc, la liqueur reste neutre.

Sulfhydrate d'ammoniaque. — Précipité noir insoluble dans un excès de précipitant.

Acide sulfhydrique. — Précipité noir.

Arséniates solubles. — Précipité brun.

Acide oxalique. — Précipité blanc, soluble dans l'ammoniaque.

Cyanoferrure de potassium. — Précipité blanc.

Cyanoferride de potassium. — Précipité rouge brun.

Iodure de potassium. — Précipité blanc-jaunâtre, soluble dans un excès de réactif, à peine soluble dans l'ammoniaque, soluble quand il est fraîchement préparé dans l'azotate d'argent.

Tannin. — Pas de précipité, — réduction.

Chlorate de potasse. — Pas de précipité.

Acides gallique et pyrogallique. — Réduction.

Protochlorure d'étain. — Précipité blanc qui se transforme par un excès de réactif en argent métallique.

Sulfate de protoxyde de fer. — Précipité blanc et métallique d'argent.

Chrômate de Potasse. — Précipité rouge-brun, peu soluble dans l'eau, très-soluble dans l'ammoniaque.

Acide chlorhydrique et chlorures. — Précipité blanc, caillebotté de chlorure d'argent ; insoluble dans l'eau et les acides, soluble dans l'ammoniaque et si l'on sature l'ammoniaque par un acide, le précipité reparaît : il est soluble dans les sulfites, les hyposulfites, le cyanure de potassium : il se colore en violet-brun à la lumière; une trace de protochlorure de mercure suffit pour lui ôter cette propriété.

Nous joignons ici une liste des réactifs les plus indispensables dans un laboratoire bien ordonné. L'opérateur qui pourra se composer une boîte de réactifs comme celle que nous donnons ci-dessous, aura les moyens, avec de bons produits, de se rendre compte des décompositions et des réactions qui pourraient l'embarrasser, et constater, en outre, la pureté de ses substances. Nous nous sommes attachés à choisir les produits qui touchent de plus près à la photographie.

Boîte de Réactifs.

Acides Sulfurique.

— Chlorhydrique.

— Azotique.

— Acétique.

— Oxalique.

Potasse en dissolution.

Eau de chaux.

Eau de Baryte.

Ammoniaque.

Tannin.

Iode alcoolique.

Iode aqueux.

Chlore aqueux.

Chlore sec.

Brôme.

Cyanoferrure de potassium.

Cyanoferride de potassium.

Iodure de potassium.

Chrômate neutre de potasse.

Carbonate de potasse.

Carbonate d'ammoniaque.

Oxalate d'ammoniaque.

Chlorure de Barium.

Sulfate de soude.

Sulfate de cuivre.

Sulfate de protoxyde de fer.

Sulfate de peroxyde de fer.

Azotate d'argent.

Azotate de mercure.

Chlorure de platine.

Chlorure d'or.

Infusion de noix de galles.

Teinture bleue de Tournesol.

Sirop de violettes.

Lames de fer.

— zinc.

— étain.

— argent.

Mercure.

Papier bleu de Tournesol.

Papier rose de Tournesol.

Papier de Curcuma.

FIN.

TABLE DES MATIÈRES.

PROLÉGOMÈNES.................................... 1

CHAPITRE PREMIER............................ 9

— DE LA PLAQUE............................. 13

— Du polissage............................. 17

— Des épreuves tachées par des points noirs........ 25

CHAPITRE II. — PHOTOGRAPHIE SUR PAPIER.......... 29

— Voie humide............................. 32

— Premier bain............................. 33

— Bain sensibilisateur..................... 38

— Développement de l'image................. 43

— Fixage de l'image....................... 44

— Cirage du cliché......................... 47

— Du papier ciré ou papier sec............. 48

— Cirage du papier......................... 51

— De la sensibilisation................... 56

— Apparition de l'image................... 62

CHAPITRE III. — DE L'ALBUMINE.................... 71
— Nettoyage des clichés...................... 75
— Préparation du bain d'acéto-nitrate............ 79

CHAPITRE IV. — DU COLLODION.................... 85
— Collodion à l'iodure d'ammoniaque............. 95
— Collodion à l'iodure d'argent du docteur Fau...... 97
— Préparation des glaces..................... 102
— De la couche de collodion et de sa sensibilisation.. 104
— Développement de l'image................... 109

CHAPITRE V. — ÉPREUVES POSITIVES............... 115

CHAPITRE VI. — DES ÉPREUVES SUR TOILE CIRÉE....... 119

CHAPITRE VII. — DU TIRAGE DES ÉPREUVES POSITIVES... 125
— Préparation du papier positif................. 128
— Des fonds de portraits à teintes dégradées........ 141
— Des épreuves positives sur glaces.............. 144
— Papier positif ioduré....................... 146

CHPITRE VIII. — DES ÉPREUVES DE GRANDEUR NATURELLE. 149

CHAPITRE IX. — ORGANISATION D'UN LABORATOIRE..... 153

CHAPITRE X. — PRÉPARATION DES PRODUITS CHIMIQUES.. 161
— Acétate d'ammoniaque...................... *ibid.*
— Acétate de chaux.......................... 163
— Acide acétique............................ 165
— Acide gallique............................ 168
— Acide pyrogallique......................... 171
— Alcool.................................. 174
— Azotate d'argent.......................... 176
— Bichlorure de mercure...................... 181
— Bromure de potassium...................... 184
— Chloro-bromure de chaux................... 186

— Chlorure d'argent............................ 190
— Coton-poudre............................... 192
— Cyanure de potassium...................... 195
— Ether hydrique............................. 198
— Fluorure de potassium..................... 203
— Hyposulfite de soude....................... 205
— Iodure d'ammoniaque...................... 207
— Iodure d'argent............................ 209
— Sulfate de protoxyde de fer................ 211
— de peroxyde de fer......................... *ibid*

— RÉACTION ET CARACTÈRES DES DIFFÉRENTS SELS........ 215
— Sels de potasse............................. 216
— Sels ammoniacaux......................... 219
— Sels de chaux.............................. 219
— Sels de fer................................. 220
— Sels de cadmium........................... 223
— Sels de mercure............................ 226
— Sels d'argent.............................. 229

— BOITE DE RÉACTIFS.......................... 232

FIN DE LA TABLE DES MATIÈRES.

www.ingramcontent.com/pod-product-compliance
Lightning Source LLC
Chambersburg PA
CBHW071611030726
47598CB00001B/230